自然教育法

激發普通孩子的天才潛能

周雲煒 — 著

即使是普通孩子，只要教育得法，
也會成為不平凡的人

每個孩子都帶著天賦來到世上，天才與庸才的差別來自早期教育

早期教育　五官功能訓練　自然教育法　氣質養成

跟上斯特娜夫人的腳步，從幼兒時期培養你的小天才！

目錄

目錄

第五篇　幼兒期的思維訓練

第六篇　學齡期的社交訓練

第七篇　學齡期的成長

目錄

第十篇　成長過程中的氣質養成

前言

前言

本書以自然教育為基礎，對教育的模式進行結構清晰、內容具體的介紹，將遊戲教育的內容更加系統化的展現出來。本書分為十個章節，以孩子的年齡增長為主軸，結合不同年齡層的孩子所需進行的不同的教育方法來進行介紹。

在閱讀的過程中，能夠更加清楚的理解到什麼年齡的孩子適合什麼樣的教育方法，在各個年齡層需注意的教育問題等。讀者能夠從本書中了解到自然教育法的宗旨。本書還對各個教育領域進行了詳細的分類，描述了數學、外語、生物、地理等學科的學習方法，而且對於孩子的感官能力、社交能力、品德等如何培養以及如何讓孩子幸福等方面都有訓練和操作方法的介紹。

小維妮的卓越成就受到全世界教育人士的注意，原因就在於斯特娜夫人重視用「自然教育」的方法，透過這種方法對孩子進行學科、品德、習慣等方面的教育，主張讓孩子接觸自然、愛自然，從自然中獲得靈感，自願的被教育，感受自然界的一切事物，並對其進行探索和發現，成為一個健康、快樂、積極向上的人。在獲得知識的同時也健全著孩子的人格。

本書在尊重原著的基礎上，將斯特娜夫人的教育理念用更加通俗易懂的語言展示出來，將斯特娜夫人教育小維妮的實例透過文字的形式描述出來，讓大家更容易接受、理解，增強了說服力。除此之外，本書還結合了實際情況，提出家長應如何靈活應用「自然教育法」來教育孩子。

本書一直在強調早期教育的重要性，這也是結合實際的展現，因為很多父母都忽視了早期教育的問題，而對孩子後期的教育又心有餘而力不足，只知道在孩子成績差時就責備，甚至體罰；孩子不愛讀書就將知識硬塞給他。殊不知，這些做法只會讓孩子的抗拒情緒越來越高，如果重視早期教育，用適當的方法對孩子進行教育，讓孩子愛上學習，那這個問題就能夠輕鬆的解決，家長和孩子都不會因為學知識而愁眉苦臉了，強迫孩子讀書而讓孩子疏遠家長的現象也就不會出現了。

前言

每位家長都應該注意，從孩子出生就開始對他進行教育才是最該做的事情，應從斯特娜夫人的教育方法中對教育有個全新的概念。母親是孩子的啟蒙老師，也是一生中最重要的老師，我們衷心的希望每位母親都能理解自然教育法，透過自然教育來培養孩子走向成長的道路。

第一篇　早期教育的依據——自然教育法

早期教育對於孩子來說非常重要，它能夠開啟孩子的天賦，讓孩子與生俱來的特殊能力獲得最大程度的運用，同時保證那些沒有特殊天賦的孩子達到普通孩子的智力水準。想要做到這些，就要有合理的早期教育方案和早期教育原則，自然教育法為孩子提供了很好的指導。

早期教育時間：孩子出生後就要進行早期教育

嬰兒誕生的第三天開始教育，就遲了兩天。

——巴夫洛夫

曾經有人說：對孩子的教育，要從他出生前三百年就開始。我們沒辦法計算這個日子，也沒辦法追溯回去，但是我們可以從今天開始從現在開始對我們的孩子進行早期教育。

早期教育對於孩子來說是很重要的，孩子的天賦如果沒有被及時開發，就會漸漸的消失，就好像他們從來都沒擁有過這種天賦一樣，這是多麼令人心痛啊。

對於維妮的教育，我就比較早進行，在她還沒有出生的時候，我就對她進行了一定的教育，因為我不希望維妮身上的某種天賦消失，如果那樣的話，我就不是個稱職的母親。

在維妮出生之後我就一直在考慮這如何把她培養成材，我最擔心的就是不能做個合格的母親，因為生兒育女是父母的選擇而非孩子的選擇。孩子是我們生，我們養的，而且為了孩子我們也願意花費心思。父母期望自己的孩子品德高尚、聰明，但是又不去關心孩子的行為舉止，也不對孩子進行教育，甚至將所有的責任都推卸到學校和孩子的身上，從來不考慮也沒有意識到早期教育的重要性，只是一味的埋怨自己的孩子沒有天賦，是個蠢材，甚至對孩子進行言語上的諷刺。

為什麼要進行早期教育

我們大腦發展的關鍵時期就是零到三歲，也就是嬰幼兒階段，在這個階段孩子的大腦發展對於一個人的智力、情感、運動、社交等方面能力有著決定性作用。在這一點上，透過孩子學習語言的能力我們就能夠體會到。我們在最初教孩子學習母語的時候，並沒有涉及到什麼語法、語句的問題，但是孩子仍舊會將母語學得好好的，其實語言的學習也是早期教育的一種表現形式，只不過父母沒有意識到這一點。接受早期教育的兒童要比那些未受教育的兒童的智商高很多，維妮在一歲的時候就能用流利的英語和成人交談，等到她六、七歲的時候就掌握了多國語言。如果在孩子年齡較大的時候才開始學習，外語就會變得很難掌握了，這就是為什麼很多孩子都懼怕外語。由此可見，早期教育對於孩子的將來影響是很大的。

三歲前早期教育是最佳時期

有些父母認為，孩子在三歲以前不要讓孩子看書也不要教他知識，用打罵的方式來管教不聽話的孩子，這種做法是愚蠢、粗魯的。

零到三歲是孩子運動、語言發展迅速的時期，這個時候需要用一些事情來填充他的小腦袋，父母應當抓住這個敏感期對孩子的潛能進行最大程度的開發。這個時候對於孩子語言能力、性格、品德的發展來說非常重要。所以，父母要在這個階段對孩子的性格、品德進行教育。不能因為外界的因素而對孩子置之不理或是將孩子交到保姆、老人手中，孩子應在母親的愛撫與鼓勵下健康的成長。透過母親適當的引導，孩子就會向著積極、樂觀、博學多才的方向發展。

早期教育關係著孩子的未來，我們不能只依靠學校對孩子進行的幼兒教育，因為孩子在六七歲的時候大腦的各方面發育會緩慢下來，對知識的渴望就會減少，對新鮮事物的興趣也會降低，這時候才開始進行早期教育就很難發現孩子的天賦了。

對孩子進行審美能力的早期教育

等到維妮出生之後，我就會用一些詩詞或藝術品培養她對於美好事物的興趣，比如：在維妮還處於搖籃期的時候，我就在她的房間裡懸掛很多著名畫家作品的複製品，選擇的都是一些以美麗、聖潔、勇敢為主題的作品，從小就在她的心中形成了向善向美的信念。

這種方法是很有效的，在維妮五歲的時候，從一本畫冊中看到了一幅卡拉瓦喬關於「聖母」的畫作後感到很厭惡，因為她覺得她看到的聖母就像一位沒有教養的婦人光著巨大的腳板躺在那。雖然後來她的父親向她解釋說這是卡拉瓦喬的表現方式，但是維妮仍舊堅持自己的看法。等到她了解了卡拉瓦喬的傳奇一生後，依然說：「哦，爸爸，他可以那麼糟糕的表現聖母，我也可以表示我不喜歡，那不美麗。」維妮的審美判斷力讓她的父親感到很震驚。而維妮的這些表現正是在幼年時期進行審美方面早期教育的結果，她引導著維妮在以後的生活中始終懷著追求美好事物的積極心態。

孩子在很小的時候，對於事物處於接受的階段，你給他什麼他就會接受什麼，完全不懂得拒絕。所以要抓住這個機會給孩子一些美好的東西來影響他、薰陶他。

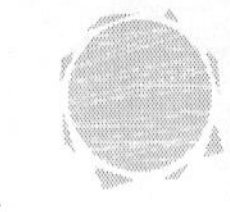

如果你什麼也不給他，那麼他就會變得一無所有。所以從孩子出生開始對孩子進行早期教育。

早期教育重點：找出孩子的天賦

只有幼兒才能具備魔術般的吸收能力。因此由出生到八歲的這段期間乃是最重要的時期，八歲之後便開始走下坡，而對學習最具關鍵的時期是一歲到五歲。

——格倫都曼

有人指責我將孩子的童年安排太滿了，但是我需要強調一下，我不是填鴨式教育的宣導者，我只是透過一些毫不費力的遊戲引導、教育孩子罷了，孩子在樂在其中的同時也獲得了知識。

孩子進入學校的年齡大概是六到七歲，前面我們也提到過，孩子大腦高速發展的時期在零到三歲，此時孩子沒有受到學校教育，難道我們就放任不管，任孩子無所事事嗎？這樣很可能就會將孩子的天賦泯滅掉。我相信大多數的學校老師都是很忙碌的，沒有精力去將每一個孩子的變化、特點觀察透澈，甚至不去觀察他們。這樣的話，即使孩子在這個時候還有天賦恐怕也被忽視掉了，所以要重視並發現孩子受教育前的天賦。

歷史上很多偉大的人物得益於適當的早期教育，他們在很小的時候就展現出與眾不同的天賦。當其他小朋友還流著鼻涕哭鬧的時候，三歲的孔子已經能和母親的朋友談論孝道；四歲的米爾頓已經能夠寫下令人讚賞的拉丁詩文；五歲的小漢尼拔能夠舉起比自己還重的劍，並立下永不放棄對羅馬復仇的誓言……

維妮出生的時候，我已經了解以上人物的成長經歷，不管她是否聰穎，我都決定對她進行科學的早期教育，將上帝賜予她的才能盡情的釋放出來。

提供孩子嘗試多種領域的機會和條件

不要用成人的眼光將孩子定位在某個領域，要透過適當的早期教育方法去發現孩子對某個領域的興趣以及所表現出的天賦、優越感。要了解孩子的智力特點，放下自己的願望、期待，也不要因為孩子的一點點成就就驕傲自滿、到處炫耀，這對

於孩子天賦的發展都是非常不利的。

有些父母從來不重視對孩子天賦的發掘工作，也不知道孩子對什麼方面感興趣，只是看別人家的孩子學什麼就讓自己的孩子也學什麼，盲目的進行比較，根本不將孩子的感受放在心上，孩子的天賦被耽誤了不說，還會對你硬塞給他的知識、藝術感到厭惡，甚至會出現「恨」父母的情緒。

如果家長提供孩子多些嘗試和選擇的機會，從遊戲和生活中觀察孩子對某些領域所表現出的熱情，那麼就很容易發現孩子的潛力，如果讓孩子選擇這個領域，很可能達到事半功倍的效果，孩子在某個領域表現得很突出，就會對這個領域表現出強烈的自信，還會將這種自信延續到其他的領域，等到孩子接受學校教育的時候，就會在小朋友們面前表現得很自豪，也會很容易的接受學校所教授的知識。

從維妮出生開始我就用各種自然工具和她進行遊戲，維妮表現出了對音樂、語言、文字等各方面的潛力，很快就學會了各種語言；三歲時就學會了使用打字機；幾個月就識別了音階……上學後，維妮會拉小提琴、會彈鋼琴、出版了自創的童謠、詩歌，而且在國際象棋比賽中取得了優異的成績。

很多人都認為維妮是個天才，只有我知道，她只是個普通孩子，只是在她還是個嬰兒的時候，我就給予她語言、音樂、藝術、數學等各方面的訓練，從而找出她的特質進行更深層次的探索。

每個孩子都是帶著天賦來到這個世界的，每個孩子既普通又特別，只是看你在孩子受教育前如何對他進行天賦的發掘。

做父母的要細心觀察和了解孩子

身為家長，要時刻關心自己的孩子，不能因為忙碌的工作而忽視孩子，總認為金錢就能讓孩子幸福，孩子出生後就交給保姆養，這樣的孩子很容易因為缺少母愛而悶悶不樂。而且，如果保姆的脾氣不是很好，很可能導致孩子形成不良的性格，對於他的品德、素養的培養也是很不利的。

忽視孩子的成長也就意味著忽視發掘孩子天賦的機會。父母一定要花時間來了解自己的孩子是什麼樣的性格，有哪些特長、興趣、愛好。不能只是一味的將自己的價值觀灌輸給孩子，讓孩子養成自以為是的性格，千萬不能因為你的不負責任而讓孩子成為自己的翻版，毫無特點，也發揮不出自己的潛力，只知道跟在你後面走。

在為孩子提供接觸多種領域的機會的同時，也觀察並記錄孩子的表現以及態

度，盡可能將孩子表現積極的領域記錄下來，以此來觀察孩子的優點。在日常的生活和遊戲當中，要排除外界干擾，觀察孩子的表現，並做下紀錄，這個時候，孩子往往能將真實的自我表現出來，你也能更加容易看出他在哪方面有天賦。

在維妮進入學校之前，我就會在家中和她進行各種遊戲和藝術薰陶，透過這些來培養維妮對各方面知識的興趣，事實證明，維妮在入學後很多方面都表現得很出色，而且總是自信滿滿，還會有很多新鮮的想法和創意。

在對孩子進行天賦發掘與培養的同時，也要注意其他方面的培養，孩子在某個領域獲得了成就感就會促進其他方面的發展，從而達到全面發展。

早期教育重要性：放棄早期教育就等於放棄神童

所有的孩子生來都是天才，但大多數孩子在他生命的最初六年裡，天資被磨滅了。

——布克梅尼斯特．富勒

孩子出生以後，父母要根據不同的成長階段來對孩子進行最合適的教育，最大限度的開發孩子的智力，讓自己的孩子變得非常優秀。

有關專家指出：「教育開始得越晚，孩子最終所能發揮出來的潛能就越少，這就是潛能遞減規律。」從下面幾點，也能夠看出早期教育和恰當的早期教育方法的重要性。

要盡早發掘孩子的天賦

很多孩子在嬰兒期時，就表現出了某方面特有的潛力，如：對聲音的敏感，能夠跟著音樂進行有節奏的運動，或者是對周圍事物表現得很好奇，能跟著父母做一些動作等。此時父母只是對孩子呵護有加，卻往並沒有將孩子表現出的天賦進一步開發，這樣一來，孩子的潛能便會在父母的忽略之中漸漸退化，甚至泯滅。

其實，每個孩子在出生的時候都會擁有一定的天賦，但是為什麼我們生活中的天才卻很少呢？原因就在於父母的早期教育沒有跟上導致這些天賦被埋沒。在孩子很小時，如果父母能夠進行正確的引導和開發不僅能使孩子本身具有的某種特質顯現出來，還能夠使那些普通的孩子成為未來的天才，然而，放棄早期教育，就會讓

這些異於常人的潛力隨著年齡的增長消失得無影無蹤。

適當的早期教育方法能夠讓孩子更早的感知世界

在小維妮很小的時候，我就採取各種方法訓練她的觀察能力、專注力、感官能力等，是她擁有發達的五官，五官是孩子認識世界最有效的武器，當五官達到健康的狀態、反應達到一定的靈敏程度，嬰兒就會變得非常聰明。

但是，我相信很多的父母並沒有注意到這一點，在孩子最需要這方面的鍛鍊時，他們卻只是將孩子放在搖籃裡吸吮手指，並沒有給孩子在視覺、聽覺方面感知世界的機會。結果，當孩子長大後需要透過視覺、聽覺等方面來認知世界時，就會因為基礎薄弱而變得苦難重重。

老卡爾的故事告訴我們早期教育的重要性

老卡爾．威特五十二歲的時候才得到孩子，但是孩子出生後才發現是個帶有先天缺陷的嬰兒。然而，他並沒有放棄，而是宣稱一定要將小卡爾培養成天才。當時很多人都覺得他的話沒有意義，連他的妻子都對此質疑，並沒有在意老卡爾的話，只是一味的抱怨上帝的不公。雖然阻力重重，但是老卡爾仍舊堅持著自己的想法，從小開始對小卡爾進行教育工作。在老卡爾的努力下，小卡爾終於和其他孩子一樣聰明了。

事實證明，老卡爾取得了成功。充分表明早期教育對於孩子智商的挖掘的重要性。

用自己孩子的缺點來和其他孩子的優點進行比較會對孩子的心理造成傷害

經常會有這樣的家長，他們在看到別人的孩子很優秀時，就會對自己的孩子百般責難，並對自己的孩子說：「你看那個孩子，他為什麼那麼聰明啊？」或「你怎麼就不能像那個小女孩一樣聽話呢？」可能你只是一時無奈說出的這些話，並沒有想到這些話會對自己的孩子產生哪些影響，但是我告訴你，這些不經意的評價已經傷害到了孩子的自尊心，甚至使他們的心靈出現扭曲的現象，讓他們自卑或仇視他人。

在我看來，自己的孩子在某些方面比不上別人家的孩子，錯並不在孩子本身，恰恰相反，這個責任應當有父母來負擔。因為自己的孩子不及別人家的孩子聰明、乖巧，很大程度上是由於父母未能及時的進行早期教育，沒有及早的發現孩子的天賦造成的。怎麼能將責任歸咎到孩子身上呢？

「神童」不進行早期教育也會變成普通人

在日常生活中，我們經常會聽有人說道某個地方有神童誕生，而這些所謂的「神童」可能確實具備其他嬰兒所沒有的能力，比如：出生不久就能叫「媽媽」，或是兩三歲能夠解答成年人的疑問，還有一些在少兒期算出難度相當大的數學難題或是快速背下拗口難記的世界經典等。

我們必須承認，這些孩子在某方面的敏銳性的確不是一般的孩子所能達到的，但是很遺憾，這些家長往往沒能正確的意識到孩子的特殊才能，只是將這些才能當成炫耀的把柄而沒能將它繼續昇華。就如某些「神童」，雖然出生的時候具有某種特殊的天賦，但是由於父母沒能對這種天賦加以重視，沒有讓他接受更深刻的教育，只是每天帶著他到處去炫耀，導致「神童」隨著年齡的增長變成了普通人。

如果父母重視早期教育，在一開始就注意到對孩子的潛能進行開發，就能夠將有特殊天賦孩子培養成少有的天才，而將那些智力一般的孩子培養成與同齡孩子智力相當水準；相反，即使孩子具有某些特殊的天賦，家長卻沒有對其進行提升，讓其繼續發展，就會使孩子錯過天賦開發的最佳時機，很可能變成庸才。

早期教育理念：以自然教育法為依據

愛孩子是母雞也會做的事。可是，要善於教育他們，這就是國家的一件大事了，這需要才能和淵博的生活知識。

——高爾基

教育是無止境的，而父母則是教育的主要負責人，要從搖籃期開始對自己的孩子進行各方面的教育，發現孩子的天賦，給孩子灌輸各方面的知識，培養孩子的學習興趣、品德等。早期教育理念強調的就是用自然教育的方法對孩子進行早期教育。強調早期教育不是為上學作準備，而是在為以後的生活作準備。早期教育的核心就是幫助兒童的生命自然的成長和完善，具體來說就是讓兒童在身體上和精神上能夠健康的發展，從而達到思想、人格、心理、智力上的完善。

樹立正確的早期教育理念：文憑不能代表教育的結束

很多人都以為教育就是從小學到中學再到大學的學習過程，只是透過不斷的在

學習、進修來獲得文憑和學位的過程。但是在我看來，文憑不過就是一張紙，根本不能讓人信服，也無法衡量教育結果的優與良。

在一個孩子剛剛出生的時候，對著你甜甜的微笑、輕輕的擺動著粉嫩的小手時，教育就要開始了，而且要從此刻開始貫穿孩子的一生。我們所生活的世界不知終點、不斷改變，所以，如果我們想要在這個世界生存，就要透過教育來不斷的提升自己、改善自己。在不斷的學習中適應、發展這個社會。知識是無窮的，教育是無盡的，只有不斷的學習，才能提升自己。

雖然這個社會將文憑、學歷、證書看得很重，但是不代表得到這一切後就可以終止教育。這些東西只是代表著我們在接受教育的過程中透過自己的努力獲得了一些成就，而不是說我們已經將所有的知識都融入腦海當中了。

當今，很多的孩子都盼望著上大學，因為大學的學習很輕鬆，每天的課程少得可憐。很多孩子在上大學後花費大量的時間去享受、歡樂，對於學習卻沒有什麼積極性。如果大學生能夠妥善的利用課餘時間去看一些書籍、學習一些技能，那生活將會少一些空虛，多一些充實。

早期教育理念要貫穿整個早期教育過程

教育是高尚的、美好的，但是當今的年輕人卻不喜歡從事教育工作或接受教育。因為現在越來越推崇應試教育，扼殺了孩子的想像力和創造力。在孩子最初接受教育的時候，父母就該對孩子的全面發展負責，但是，大多數的父母都會忽略掉這個問題，只是等到孩子到了學齡就將他們送到各種教育機構，對他們進行品德和學科教育。但是，到了這個年齡，孩子最好的教育時間已經被錯過了。

孩子通向成功之路必須具備以下幾個條件：遺傳基因、健康、環境、個性、雄心和鼓勵。這些都應該在孩子的少兒時期就為其創造出來。如果父母知道如何來為孩子創造這些條件，在早期為孩子鋪好路，就能夠保證孩子在適宜的環境中成長。

父母要認識到自己的責任所在，要從自身做起，保護這個世界，讓它乾淨、健康一些，為我們的後代負責。

教育工作要盡早發展，對於我們自身來說，要從懂得教育的重要性開始接受教育，對孩子進行教育，對自身進行教育。即使你還沒有為人父母，也要將自己教育好、保護好、照顧好，為做健康、合格的父母做準備。

自然教育還能夠幫助那些具有特殊技能和表現突出的孩子將自己的優勢發揮出來。現今的教育體制大都是為普通孩子設立的，對於「天才」兒童卻很難設定教育模式。在學校的教育體制下，孩子們只能一起上課，老師也只能按照大多數孩子能接受的進度來講課，雖然有「奧賽」班的存在，可這也並不是發展天才的好場所。自然教育的目的就是將這些「天才」的「才」挖掘出來，將那些被動學習的孩子變成成主動學習的孩子。

如果每個班級只有幾個孩子，老師能夠更加專心、有針對性對這些孩子進行教育，在老師減輕負擔的同時也會對孩子的能力有一定的提升作用。這些老師會利用空餘的時間進行自身的休養、知識的豐富，對教育充滿希望和期望，在這種境界下教育出的孩子一定是非常優秀的。

早期教育理念的重點：父母的呵護和引導

學校中的孩子很多，每個孩子的家庭狀況也是不盡相同的，在這種情況下比較、歧視等不良現象接踵而至，很多的老師竟然也參與其中。這種現象現象是非常不正常的，也會不利於孩子的健康成長。我們應當從嬰幼兒期就教育孩子禮貌待人，培養孩子的紳士風度和淑女精神。要讓孩子微笑的對每一個人。這樣才能更快的融入到一個大環境中。

有人認為，漆黑的夜晚要讓孩子們自己睡，培養他們的獨立自主的能力，強壯他們的神經。有些時候，即使聽到孩子們的哭喊聲都會置之不理。有些家長甚至不去和孩子親吻，害怕親密接觸會將細菌傳播給孩子，將自己的愛壓抑在心裡。這樣做是很殘酷的，孩子往往感覺不到父母的愛，也會破壞孩子的發展進程。

如果父母對孩子笑，孩子就會笑；父母爭吵、打架，孩子長大後就會好鬥；這些都是有一定依據的。也不要認為孩子在嬰幼兒期就只是在搖籃中躺著，什麼都不懂，如果你在孩子搖籃期的時候溫柔的呵護他，對他笑，訓練他的感官能力，那麼就能夠讓你的孩子更早的認知這個世界。

早期教育方案：對孩子進行教育的基礎

即使是普通孩子，只要教育得法，也會成為不平凡的人。

——愛爾維修

早期教育方案對於早期教育來說是非常重要的，如果只是沒有目的沒有方向的進行早期教育，效果也不會很好。雖然並不是每個母親都想讓自己的孩子成為偉大的人物，但是每位母親都希望自己的孩子能健康、快樂的成長和學習。可並不是每位母親都是天生的教育家，很多母親對教育甚至一竅不通，而有些家庭竟然秉承先祖那裡的所謂的完美無缺的教育方案。

雖然不是所有的父母都是教育家，但每位父母都應該掌握一種適合自己孩子的早期教育方案。早期教育方案的制定要以自然教育為基礎，主要從以下幾個方面入手：

做好榜樣工作

這是早期教育方案中最重要的一點，父母對孩子的影響是最大的，因為孩子從一出生就會和父母接觸，而在父母對孩子進行愛和教育的過程中，孩子會模仿父母行為舉止、品德裝扮等。所以說，在你決定做父母的時候，就要將這個方案制定好，這不光是為了自己，也是在為孩子負責的表現。

為孩子制定健康方案

孩子的健康與否與他日後的幸福與否是成正比的，所以，也要將孩子的健康放到早期教育方案的前列。雖然教育孩子成才沒有錯，但是如果因為你的教育而導致孩子的素養體能下降，無法進行日後的正常生活和學習，那可就是大錯特錯了。如果是那樣，你的早期教育方案的其他方面設計得再完美也是毫無意義的，起碼對於孩子來說是不幸的。

遊戲訓練法

所謂早期教育，就是從孩子出生開始進行的教育，孩子還比較小，可能無法接受我們灌輸給他的知識，可如果透過遊戲的方法來讓他對學習產生樂趣就再好不過了。我們可以制定一些遊戲訓練法，讓孩子透過這些遊戲學習數學、生物、物理、外語、地理等科目。孩子會在我們所制定的遊戲方案中更容易接受相關的知識。如果僅僅是將表面的詞語硬塞到孩子的腦中，即使孩子將這些知識記住了，也只是暫時的，她還是會很快將這些知識遺忘。所以，要在孩子出生前就制定一些遊戲方案，等到孩子出生後，透過對孩子性格、興趣的觀察來繼續制定一些適合孩子的遊

戲來挖掘孩子的天賦，進行進一步的訓練。

藝術細胞提升法

很多人認為藝術家是天生的，其實這個說法並不完全，因為大多數孩子在出生的時候都是藝術家，只不過父母沒有意識到這個問題而忽視了對孩子這方面才能進行訓練、提升。只有那些藝術天賦特別突出幾乎無法磨滅的孩子才能在長大之後仍舊保留自己的藝術天分。所以對孩子進行藝術提升也是早期教育方案中不可缺少的。可以透過各種方法誘導孩子的藝術細胞的凸顯。比如：我們可以給孩子聽各種音樂，並且讓他嘗試著觸摸各種樂器，如果孩子表現出來對樂器的興趣或在音樂方面有特殊的才能就要盡快的採取措施對孩子的藝術細胞進行提升。如果每個家長都能將藝術細胞的提升放到早期教育方案中，可能每個孩子都能成為藝術家。

讓孩子愛學習的方法

每個父母都希望自己的孩子能成才，愛學習。既然如此，也要將如何讓孩子學習列入早期教育的方案中去。每個父母都明白孩子應當愛學習，卻不知道應該如何讓孩子愛學習。找到正確的、適合孩子學習的方法是很重要的，這個工作做的越早越好，因為在孩子比較小的時候，我們很容易觀察出孩子的傾向，透過適當的引導就能夠找到適合孩子的學習方法。比如：可以透過遊戲、演繹等方法來教孩子學習各種知識。

尊重孩子，給孩子自由

在教育孩子的過程中，要注意尊重孩子，給孩子自由，不能強迫孩子，不要認為孩子小你就可以隨便訓斥他，認為訓斥是教育的重要手段，其實不然，這樣很容易讓孩子幼小的心靈受傷。所以尊重孩子，給孩子自由也是早期教育方案中的重點。這對於孩子的心理健康來說是非常重要的，如果我們的孩子沒有尊嚴，沒有主見，那我們對他進行的其他方面才能的教育就顯得蒼白無力，因為孩子根本無法將自己的見解大膽的說出來。所以放開孩子，讓孩子自己去承擔一些事情，你也要尊重孩子的這種權利。

培養孩子的品德

品德教育是早期教育方案的中心，一個人即使再有知識，有能力，如果他毫無品德，道德敗壞，那麼他所擁有的一切都會對人類乃至世界造成危害，並不會去造福人類，也不會擁有真正的快樂，所以，一定要在早期教育期間對孩子進行品德的教育，這個方案要從搖籃期開始實施，可以為孩子講一些神話故事，透過故事讓孩子明白善惡、是非，明白什麼是自己該具備的好的品德，什麼是自己該遠離的邪惡的品格。孩子的品德是否良好與父母的關係也是很密切的，所以，父母要先端正自己的品行，才能更好的培養孩子。

培養孩子各方面的能力

孩子的很多方面的能力都是在年幼時形成的，所以在早期教育期間培養孩子的早期教育能力是早期教育方案的目標。其中包括自制力、自信心、堅韌性、責任心、誠實、自尊心、社交能力、表現力等，這些能力在孩子成長的過程中是必不可少的，而這些能力卻是要從嬰兒期開始培養的，後天的培養就顯得困難得多。

提升孩子的氣質

早期教育方案中，這個方面可能顯得不太必要，其實，這個方面關係著孩子在人群中所顯現的自信與精神，如果一個人整天都是自信滿滿、氣質怡人，就會很容易合群，周圍的人就會向他聚攏，而在自信心的推動下，做事的能力也會更強，效率也會更高。提升孩子的氣質的同時還會讓孩子看上去更加活潑、美麗、健康，因此將這個方面加入早期教育方案是必須的。

早期教育原則：不以孩子的健康為代價

早期教育的根本目的是使孩子終生幸福。

——東方劍橋寄語

很多父母都會等到孩子七歲以後再對其進行教育，因為他們堅信早期教育會影響孩子的身體健康，他們會在長大之後身體出現異常的現象或者精神失常。

其實，並不是這些父母所想的那樣，早期教育的原則就是不以孩子的健康為代

價，無論這個人多優秀，如果他的身體垮掉了，一切對於他來說都是沒有意義的。如果透過正確、適當的早期教育，不但不會損害孩子的身體健康，還會增強他們的體質。

有很多天才，尤其是音樂方面的奇才，在青年時期就已經死去，這是怎麼回事呢？

孩子的天賦往往會成為父母炫耀的資本，這還不算，他們還會讓孩子到各地去巡迴演出，就像成人一樣進行工作，他們沒有玩伴、沒有充足的睡眠，也很少有休息的時間和規律的飲食，父母所給他們提供的所謂的早期教育就是無休止的練習和表演。他們的精神長期處於亢奮的狀態，在這種情況下不但會損害孩子的身體健康，他們那些天賦也會在這種高負荷的生活中消失殆盡。

但是如果孩子在健康、有益的環境中進行早期教育，對於他們天賦的開發和身體的健康都是很有益的，早期教育是很必要的，但是要堅持早期教育的原則。

不要「強迫」孩子學習

如今，已經有很多家長意識到了早期教育的重要性，但是仍舊很少有人能夠運用正確的早期教育方方法對孩子進行教育。有很多家長在孩子很小的時候就「強迫」孩子學習各方面的知識，比如：外語，可能孩子還沒有將自己的母語學好，又加入了一門新的語言，而且新語言的教授時間要和母語的教授時間相當甚至更多，就會使那些母語水準比較低的孩子出現「失語症」，孩子可能忘記了母語也忘記了外語，根本不知道如何說話，對孩子的心理健康是非常不利的。

在學習音樂、美術等藝術類的科目時，要採用循序漸進的方法。比如音樂，應該先幫助孩子傾聽音樂、感受音樂、愛音樂，等到孩子對音樂感興趣時再透過遊戲的方法教授孩子簡單的音階和音樂知識。但是，很多父母卻不是這樣做的，他們太過急於求成、缺乏耐心，從一開始就讓孩子唱歌、食譜、練習樂器，經常會有這樣的父母，他們告訴孩子：「如果你不能將首歌的譜子背下來就不要吃飯。」在這種情況下，聽話一點的孩子會不停的進行背誦，小腦袋在長時間的運轉下就會感到疲憊，即使到最後孩子將樂譜背了下來，我相信他也不會將它記在心裡的。經常讓孩子長時間的進行一種知識的學習會減少他們的快樂，既然孩子不快樂，身體健康必然會成為問題。

學習數學知識就更是如此了，數學會消耗孩子大量的腦細胞，相信大家一定聽

說過某個數學天才在十幾歲的時候就滿頭白髮了，這樣的孩子怎麼會健康成長呢？很多父母在孩子剛剛學會說話是時候，不講求方法，拿著寫滿數字的白紙一遍又一遍的教孩子讀數字一二三，這是非常不合邏輯的，可能最開始孩子不明白數字的概念，很順利的將這些數字記了下來，但是，當他對眼前的白紙感到厭惡的時候，就會開始討厭數字，稍大一點，就會厭惡數學知識。而父母可能不會理解這些，在孩子稍大一些又開始將數學運算以及幾何知識等進行強制性灌輸，在這種情況下即使將孩子的數學興趣培養出來，孩子有數學天賦，那麼長大後他的身體是不會太健康的，你已經將他的健康在早期教育期間奪走了，甚至還會導致孩子出現精神失常的現象。

無論你對孩子的早期教育重點是哪一科，孩子的天賦是什麼，都要注意早期教育方法的得當，千萬不能因為早期教育而剝奪了孩子健康成長的權利。

良好的早期教育環境讓孩子健康成長

早期教育環境對於早期教育來說是非常重要的，如果孩子所生活的家庭和睦，生存的環境健康，備受父母的關愛，而且父母懂得如何對孩子進行正確的早期教

早期教育原則：不以孩子的健康為代價

育，在激發孩子天賦的時候重視孩子的健康、人格問題，不拿孩子的天賦去炫耀，那麼孩子很可能就會帶著榮譽健康、幸福的活到老，甚至能做出很偉大的事情。

經常有這樣的說法：知識淵博的人都很短命。我認為這只是片面的思維方式，我們生活中確實不乏這樣的例子，但是，這與家庭的環境是有很大的關係的。

我堅持對維妮進行早期教育，並且以不犧牲她的健康為原則，維妮從出生就開始接受教育，我會讓她看色彩鮮豔的氣球、圖片，讓她聽優美的音樂，透過這些方式來訓練她的聽覺和視覺。我還會對她進行溫柔的撫摸和親吻，並且每天早晚都對她進行按摩。

為了讓她接觸各種形容詞，我還會讓她接觸很多新鮮事物。比如：我會將她放在滑梯上，讓後告訴她「滑」和「光滑」兩個詞語。等到她會說話的時候，就能夠將這兩個詞掌握並準確的應用。

很明顯，我對維妮進行了早期教育，但是維妮在這種比較好的氛圍中進行早期教育之後並沒有出現健康方面的問題。相反，她的身體很健康，各方面的發育也要比其他小朋友迅速。到現在，很多人都對於維妮的博學多才感到驚訝，可是他們看到的並不是個不快樂、身體狀況很差、很醜的女孩；相反，他們看到的是健康、快

樂、美麗的女孩。所以，在對孩子進行早期教育時，如果能給孩子營造一個良好的環境，孩子的智力就會飛速的發展，而且不會以健康為代價！

第二篇　搖籃期五官功能的訓練

孩子處於搖籃期時五官的發育還不成熟，但他一樣對外界有自己的感知與反應能力。此時，不能只是讓孩子躺在搖籃中吸吮手指，而要對孩子的五官進行訓練。在這個時期，對孩子聽、說、看能力的訓練，奠定了孩子日後智力水準的基礎。

聽：讓孩子從美妙的聲音中獲得快樂

耳朵沒有底，可以從早聽到晚。

——非洲諺語

小維妮如此優秀，與我一開始就有意識的對她進行感官能力及智力的開發有著密切的關係。我認為，嬰兒的感覺器官潛在能力是非常大的，要從五官訓練著手，能夠很好的刺激孩子的大腦發育。視覺、味覺、聽覺、嗅覺是人類感知外界的基礎，刺激各個感覺器官能夠促進大腦的各個部分的積極活動。

孩子在出生不久就能夠表現出發達的感官能力，很多部位在受到外界刺激的時候會表現出敏銳的反應。在小維妮還是個嬰兒的時候，我就開始對她的五官進行訓練。在這個訓練中，要把聽力訓練放在首位，因為嬰兒聽力的發展要比視力早。所以發展聽力是五官訓練的第一步。

用交流聲去刺激孩子對聲音的感覺

其實，孩子在母親腹中的時候就能夠聽到外界的聲音，所以聽力的訓練要早一些。小維妮還未出生的時候，我就給她取了名字，並且時常和她說話、給她放悅耳的音樂。我會經常呼喚她的名字，我想她一定能夠聽到我的聲音。每天，我都會選擇一個固定的時間用溫柔的聲音來和腹中的她交流。

其實，很多父母都忽略了對孩子的五官進行訓練，不要說在胎兒階段的訓練，就是嬰幼而且甚至再大一點，都不會對孩子進行這些方面的訓練，這門本該很早開設的課程就這麼被耽擱了。只是將孩子放到搖籃中任其吸吮手指，荒廢光陰。這不是孩子的錯，而是父母的茫然無知。在這個階段沒有對孩子進行一定的五官訓練，等到孩子長大後需要聽力來幫助自己認知世界的時候，就會因為缺乏足夠的基礎訓練而出現使用不靈活的現象。其實，人的各個器官都會如此，只要你不開發、不訓練，就不能夠進行有效的發展，還會退化萎縮。孩子的五官也是如此，要盡早的去開發、訓練五官官能。

很多父母都會有這樣的經歷，孩子會在過於尖銳的聲音中受到驚嚇，而且隨著聲音的加強反應還會越強烈，因為這時候孩子已經有了聽覺意識。當我發現小維妮

有這樣的反應時，我就知道她已經具備足夠的聽覺訓練基礎了，我要開展我的聽力訓練計畫了。

從玩具聲和說話聲中獲得快樂

小維妮兩個月大時，我給她準備了各種可以發出聲響的玩具，如：各種悅耳的音樂盒、搖搖玲、撥浪鼓、吹揑玩具、小電子琴、風鈴等。當這些玩具發出聲音的時候，小維妮就會轉著頭去尋找聲源。

除此之外，我還會透過拍拍手、學貓叫、學牛叫、學狗叫去吸引她，訓練她尋找聲音的能力。在她不想睡覺的時候我還會用輕柔的聲音和她說話，逗她發出「依依呀呀」的聲音，促進她的聽覺能力的發展，讓她保持著可愛的笑臉。

敘事詩訓練法

當小維妮對音樂和節奏有了一定的感覺之後，我就開始為她進行更加具體、有內容的訓練方法——朗讀敘事詩。藉此來訓練她的聽力、開發她的智商和潛能。

對於襁褓中的嬰兒來說，母親悅耳的聲音是再好不過的了，孩子會在母親輕柔的聲音下開心、安靜，然後進入夢鄉。母親可以唱一支輕柔的歌曲，對孩子的吸引是很大的。但是很遺憾，我並不會唱歌，我便想到了那些能夠帶著感情朗誦的詩歌。

在維妮很小的時候，我便對著她朗誦精彩生動的敘事詩，讀著讀著，小維妮就進入了夢鄉，說明這個方法很可行。舒緩的節奏、溫柔的聲音能夠讓孩子安靜的進入睡眠。而且透過對其他孩子的觀察，我發現並不是所有的孩子都喜歡搖籃曲，有時候，一篇美妙的詩歌比搖籃曲對孩子的影響更深刻。

訓練中的原則

在聽力訓練中，要掌握一個原則：給孩子使用柔和或韻律協調、輕柔的音樂，不要用節奏過強或堅實的音樂。

我的一個朋友，不喜歡輕柔的音樂，也不去唱搖籃曲，而是用刺耳的搖滾樂去哄孩子睡覺，以為可以培養孩子的搖滾氣質。但是這個孩子長大後，不僅沒有表現出對音樂的熱衷，甚至還是出了名的脾氣暴躁。

所以，那些熱衷於搖滾樂的母親在對孩子進行聽力訓練的時候還是改變一下自己的愛好。選擇像搖籃曲、催眠曲那種輕柔的音樂對孩子將來的性格也是一種培養。

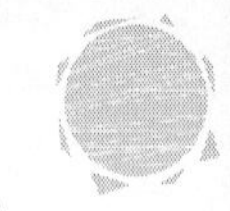

聽力訓練的時間不要太長，音樂也不能不間斷的放，否則的話，孩子很容易對你所訓練的項目失去興趣。同時，也要注意在對孩子進行聲音刺激的時候要防止外界聲音的干擾，讓孩子全身投入到純粹的韻律當中。

說：用恰當的方法來發展孩子的語言能力

學會說話是世界上最大的奇蹟之一。

——施萊柏

要第一時間教孩子說話

當小維妮開口說第一句「話」時，儘管這時候發出的聲音是含糊不清的，但是已經說明她想要說點什麼了，所以在這個時候就要開始對她的發音能力進行訓練了。

很多母親可能都會有這樣的體會，當孩子哭鬧的時候，只要你走到他的身邊或是將他抱起來，跟他說說話，他就會停止哭泣；如果孩子只是在那安靜的躺著，當你走近他時，他就會動，渴望你對他的愛撫；而有些時候，當他蹬腿揮手時，一聽到你的說話聲就會立刻平靜下來。

想讓孩子聽懂你的話的確需要一段時間，但是從他降臨開始就會對父母所說的話做出不同的反應。當小維妮可以開口說話的時候，我就會想盡辦法保持她的說話熱情，傾聽她甜美的話語。我認為，如果不盡早期教育孩子說話就會對孩子的頭腦發展產生影響。

父母要鼓勵孩子說話，為她製造說話的環境和素材。我認為，如果將孩子的聽和說掌握好，抓住孩子的說話關鍵，孩子就會越來越聰明。

要教孩子說完整的話

我認為，教孩子說完整的話能更快的提升孩子的語言能力。在維妮很小的時候我就用標準的英語和她溝通，所以，小維妮在很短的時間內就完全掌握了英語，又很快的掌握了其他語言。很多人都對小維妮的語言能力感到震驚，但是在我看來，她和其他孩子沒有什麼不同。不同之處就是當別的孩子在為不完整的語言苦惱時，她已經用這些時間學會了另外一門完整的語言。

很多父母喜歡用嬰兒的話和孩子交流，用動物的語言代替正常的話語。我們用簡單的語言和孩子交流，也使得孩子的語言世界變得簡單起來，導致孩子在嬰兒期不能接觸到完整的語言，而不得不在日後的學習過程中煞費苦心。

我堅信嬰兒期的語言教育決定孩子一生語言的發展，所以從一開始我就注意用精準的英語來和小維妮進行交流。雖然在最初的階段小維妮並不了解其中某些詞彙的意思，但我仍然堅持這樣做，並且耐心的幫助她去理解這些詞彙。

我還會經常抱著她在屋子裡走來走去，告訴她：「桌子、椅子、凳子，橘子、蘋果、柳丁……」我認為，這樣透過事物來教孩子認知語言的方法是很有效的，等到她能開口說話時，這些事物的出現會將她記憶中的詞彙激發出來。

別阻止孩子「喋喋不休」

孩子一旦學會說話就會非常喜歡說話，他們會將自己學到的單字反覆的叨念。小維妮也是如此，從她會開口說話就經常獨自一人坐在那裡喋喋不休，經常將自己學會的詞彙反覆的叨念。有時候，她會一邊玩玩具，一邊不停的說話。這對我的啟發很大，我利用這些詞語組成小的段落或短文念給女兒聽，讓女兒記住。這些都是有趣的故事，而且念起來朗朗上口，小維妮非常喜歡，並且很快就學會了。當然了，這些短文也可以譯成外文再教給孩子，在對文章內容熟悉的基礎上，學得會更快。

孩子經常喋喋不休時，語法是不重要的，不要刻意的去給孩子灌輸語法觀念，因為在實際的應用當中，語法的使用是很少的，尤其是對於孩子來說，沒有什麼意義。在小維妮八歲之前，我沒有教過她語法。我認為孩子的語言能力是透過聽和說來教育的，比起枯燥無味的語法要實用得多。

為了訓練維妮的口齒伶俐，我經常和她玩「繞口令」的遊戲。我會選擇一個繞口令，和她進行比賽，看誰能夠一直持續的說下去，而且越說越快。小維妮非常喜歡這個遊戲，因為她的表現很好，和同伴玩這個遊戲也總能成為最後的贏家。

鍛鍊孩子的自我表達能力

小維妮的感受能力是相當驚人的，她從很小的時候就能將自己的感受用恰當的詞彙表達出來。父母可以透過一些有效的方式培養孩子的感覺能力，並且在這個過程中，讓孩子慢慢的學會一些精準的詞彙。

在維妮小的時候，我會用不同材質、不同形狀、不同溫度的東西來刺激她，讓她感知這個世界。我常常用一塊布將她的眼睛蒙住，在她的面前擺放出各種各樣的物品，讓她去摸，並且讓她敘述出物品的名稱及自己的感受。比如：她摸到一個魔術方塊的時候，就會說：「方方的，上面有稜角，冰涼的，還很硬，由一個個小小的方塊組成……」我會讓他記住剛剛說過的那些形容詞，等到她稍微大一些的時候，再給她一些小木片，有光滑的，有粗糙的，讓她觸摸然後進行描述。等到小維妮長大後，能夠將很多食物精準的描述出來。

我還鼓勵小維妮多說話，讓她回憶一天的經歷，將遇到的情緒激烈的事情進行記憶，如：生氣、開心、憤怒、有趣、有意義的事情等，我會讓她用更精準的細節進行描述，鍛鍊她的敘事能力。

我也對小維妮的演講能力進行鍛鍊，我們通常採用喜劇的表演方式，用洋娃娃、小貓、小狗坐在凳子上來代替聽眾，讓維妮到舞台上單獨演講。當她演講完畢後我就會代替所有「觀眾」進行鼓掌。小維妮之所以在後來表現出優秀的演講才能，就得益於這個訓練。

看：讓孩子對事物有細緻的觀察、更深刻的理解

眼睛雖小，可以看到整個世界。

——阿富汗名言

對於孩子來說，尤其是幼小的孩子，與父母進行情感交流的管道便是來自父母的熱切視線的關心。對於嬰兒來說，父母充滿愛的關心就像是一根紐帶將自己與嬰兒的感受連繫在一起。如果母親每天用一定的時間來關心孩子，對孩子的身心健康是有很大幫助的。嬰兒在剛出生的時候就擁有視覺能力，儘管這種能力還不健全，但是他也喜歡父母的注視。小維妮就很喜歡我的注視，當我用溫柔的目光注視她的時候，我能感覺到她也在專注的看我，就好像能夠感受我的心，那個時候她的眼睛很亮，有時候顯得很幸福、很平靜，甚至會手舞足蹈。

有一次，小維妮面無表情的看著天花板，似乎沒有反應。我走過去逗她：「怎麼了，小維妮？」她仍然沒有反應。當時我對她的漠然感到很奇怪，這到底是怎麼回事呢？會不會生病了？我的手裡正拿著一本紅色封面的書，不小心在她眼前晃動了一

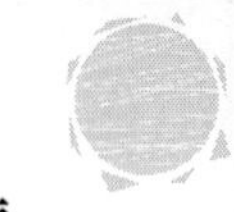

下，突然，我發現她笑了，而且還用力的舞動著身體，好像很高興。這個時候我才明白，小維妮喜歡悅目的東西。

發現了小維妮的這個舉動，我當天就買回了很多顏色鮮豔的東西，有大掛圖、洋娃娃，而且還專門將房間裡的窗簾換成了紅黃相間的花窗簾，還經常帶她去超市看色彩豐富的包裝和衣飾，帶她到大自然中去看花花草草，盡量讓她接觸色彩豐富的東西。

我讓維妮自由的在各種地方爬行，讓她在摸索的過程中建立正確的認知能力。也能夠幫助她學會用眼睛判定距離的遠近。

用「色彩」來吸引小維妮的眼球

我用書、撥浪鼓、氣球、圖片在小維妮的周圍慢慢移動，速度會越來越快，範圍也是由小到大，並且按照一定的方向進行訓練。從左到右，然後再從右到左；從上到下，然後再從下到上，如此反覆。盡可能的圍繞小維妮的眼睛周圍進行各個方向的移物訓練。在這樣的訓練過程中，小維妮的眼球變得更加靈敏。可以給孩子看的東西很多，比如各種圖形、顏色鮮豔的圖片等，豐富孩子的視覺內容。

有時候，我會用稜鏡將光線投射到牆上，牆上便會出現彩虹的顏色，我就不停的晃動稜鏡，來回舞動的彩光讓小維妮非常興奮。如果小維妮哭鬧，我就會這個方法去哄她，她就會開心起來，而且，在對這些顏色追蹤的過程中，也讓她的眼睛更加靈敏了。

敏銳的視覺對孩子來說是非常重要的，小維妮在日後表現出來的優秀的觀察力、辨析力、記憶力、反應力、靈活性，以及在各個學科的出色表現與年幼時進行的視覺訓練是密不可分的。

透過遊戲來訓練視覺

有一天，鄰居家的小貓不停的在院落中跳躍、玩樂，對小皮球更是表現得興致勃勃。

透過這件事我深受啟發。那隻小貓不光是在玩樂，同時還在鍛鍊著自己的運動力、協調能力和靈活性。動物都知道如何在遊戲中鍛鍊自己，更何況是人類？

我對小維妮的早期教育採用的幾乎都是遊戲的方式。很多視覺遊戲都能夠鍛鍊孩子眼睛的協調性、靈活性和敏銳性。我們會玩毛線遊戲，在雜亂的各色毛線中，

我負責收集紅色的毛線，而她負責收集綠色的毛線，看誰能夠在最短的時間內收集到所有相同的顏色。透過這些小遊戲，維妮很快就對各種深淺不同的近似顏色有了更清晰的認識。

彩色雪片的遊戲我們也會經常玩。我們用一個盒子將彩色雪片裝起來。我從紙盒中任意抽取一片雪花片時，小維妮必須準確、迅速的說出它的顏色。

先讓眼睛識名畫

孩子最開始接觸的東西對他的影響是很大的，在孩子最初接觸這個世界時，世界給他的回饋印象是非常深刻的。當小維妮還是個嬰兒的時候，我就會在她的房間裡擺放上各種偉大的藝術作品的複製品，讓她去看、去欣賞。我還會給她講解這些藝術作品，讓她對這些作品有所了解。

孩子的嬰兒房應當裝扮成充滿藝術傑作的房間，你可以抱著他在房間裡認識各種複製名畫和雕塑。剛開始，孩子會被圖畫中美麗的顏色吸引，漸漸的，就會關心畫中的內容。你可以給孩子講述這些作品，這是一個循序漸進的過程。

藝術類的圖書、壁畫、彩色照片、明信片等都能夠訓練孩子的視覺能力。萬花筒也是小維妮很喜歡的玩具，往裡面一看，就會出現一朵美麗的花的圖案，稍微一轉，又會出現另一種花的圖案。在不斷轉動的同時圖案也在不斷變化，有助於孩子視覺能力的訓練。

照相機也是進行自然教育不可缺少的工具，可以將生活中的點點滴滴拍攝下來，用照片對孩子進行視覺訓練。看藝術展也是不錯的選擇。對孩子進行視覺訓練不是一件簡單的事情，它將對孩子的很多方面形成深遠的影響。

第三篇　嬰幼兒期自然教育法的使用方法

這個階段的兒童對很多事物都有了一定的認識，適當的方法和恰當的工具都能夠激發孩子的天賦和對知識的渴望，同時還能培養孩子的後天技能。很多孩子後天所表現出來的唱歌、跳舞、畫畫的高超技能，一方面是依靠天賦，另一方面也得力於後天一系列的訓練方法。

工具：越簡單的工具對孩子越有效

每個兒童都應該有一個盡可能好的人生開端；每個兒童都應該接受良好的教育；每個兒童都應該有機會充分發掘自身潛能，成長為一名有益於社會的人。

——科菲・A・安南

很多時候，孩子的天賦是觀察不出來的，要透過各種輔助的工具來挖掘孩子的天賦，在幼兒期對於孩子天賦的挖掘是非常重要的。孩子在玩各種玩具的時候，你就能透過觀察他的偏好、玩的方法等來判斷孩子在哪一方面有天賦或是說有特長，然後向這這個方向對孩子表現出來的特長進行培養、昇華。

孩子在一歲時使用的工具

孩子在一歲時，可以添加一些適合嬰兒期的工具，如：顏色鮮豔的模型；不同顏色的氣球；鏡子；不同顏色、不同大小的鈴鐺；硬幣；布娃娃；沙箱、沙子等。

孩子在二歲時使用的工具

除了繼續使用一歲時的工具外，還可以添加如下的教育工具，如：各種球類；不同樣式、不同國家的洋娃娃；輕黏土；貝殼；小樂器；彩色的毛線球；積木；彩色圖片；小模型；諾亞方舟玩具；帶數位、音符、字母的色塊等。

孩子在三歲時使用的工具

除了繼續用孩子在嬰幼兒時所使用的輔助工具外，還可以添加一些適合幼兒的工具，如：簡單的積木；電動玩具；彩色筆、蠟筆；水彩盒；小工藝品、工藝桌；裝有各種質感物件的小盒子；裝有彩色鵝卵石、豆子、徽章的小盒子；還可以養一些寵物（小貓、小狗、小鳥、小龜、小魚等）。

孩子在四歲時使用的工具

除了要繼續使用以前的工具外，還要添加以下工具，如：答錄機；水族箱；大理石；各種動物形狀的圖片；骰子；地球儀；掛牆大地圖；多米諾骨牌；七彩陀螺；撲克牌；各種印刷品；磁鐵；算盤；量筒；天平；彈簧測力計等。

孩子在五歲時使用的工具

第五年的教育，可以添加以下工具，如：陶土板；小鏟子、小桶；編織用的藤條或塑膠纖維；放大鏡；鉛筆、小本子；剪貼畫薄；小型照相機；小型電話；遊戲紙牌等。

孩子在六歲時使用的工具

在第六年的教育中，可以添加如下工具：鋼筆；彈球；管弦樂器；電子琴；捲尺；直尺；各個國家的國旗；蹺蹺板；秋千；滑梯；英語單字卡片、片語卡片、句子卡片；象棋、五子棋、跳棋；萬花筒；搖搖馬；各種動物的充氣玩具；立體鏡；較為複雜的積木；迷你房屋；茶具；各種硬幣；語言教育的影片；小型自行車等。

自製工具

可能很多的母親在看到我列出的教育工具單時會覺得兩眼發暈，腦袋發脹，覺得這樣太過浪費時間、經歷和金錢。但是，如果我們仔細的對這些工具進行觀察就會發現這其中有很多工具都是可以玩到六歲的，甚至更大。當然了，也不是非要讓

工具：越簡單的工具對孩子越有效

媽媽們購買所有的工具。很多的工具如果購買有困難或是製作不了，也可以用其他類似的工具代替，或是到公共健身的地方進行相對的鍛鍊。畢竟，屬於孩子的世界的工具種類是很多的，不難發現適合孩子遊戲的工具。

像各種卡片就是媽媽們自製的工具，很多時候，可能要比買來的更加適合孩子。還可以為孩子用木板搭建一個模擬小房子，培養孩子的獨立能力。讓孩子從小體會「小家」的感覺。萬花筒也是可以自製的，雖然製做出來的萬花筒可能沒有花，但是透過萬花筒的小孔能夠看到五顏六色的碎片也是另外一種視覺享受，不見得會比花的效果差。當然了，可以自製的工具還有很多。有些工具甚至買都買不來，還可以根據自己對孩子的了解對工具進行改動，以發揮它的最大用處。

這些小工具都是自然教育的好幫手，借用這些工具可以使自然教育的過程變得快樂、高興，讓孩子在歡聲笑語中受教育。母親在透過這些工具給孩子帶來歡樂的同時自己也會覺得欣慰。尤其是那些聰明能幹的母親用自己的雙手為孩子製做出比玩具店更有價值的玩具時，那種欣慰、自豪感就會更加明顯。而且對於孩子來說，那些自製的玩具可能更加有趣，孩子的創造力也會在這個過程中被挖掘、激發出來。

使用：自然教育工具的使用方法

不能把小孩子的精神世界變成單純學習知識。如果我們力求使兒童的全部精神力量都專注到功課上去，他的生活就會變得不堪忍受。他不僅應該是一個學生，而且首先應該是一個有多方面興趣、要求和願望的人。

——蘇霍姆林斯基

工具的清單已經給大家列出來了，那要如何來使用工具呢？

動物模型的玩法

可以用動物模型和孩子玩追蹤遊戲，這個遊戲比較適合於嬰兒階段的孩子。可以將模型在據嬰兒二十至二十五公分處進行上下左右、由遠及近的移動，孩子的視線就會著玩具的移動而上下左右的移動，能夠鍛鍊孩子眼球的協調性、靈活性和敏感性。

球類玩具的使用方法

球類玩具在孩子的玩具中有著舉足輕重的地位。很多孩子在很小的時候就喜歡看球被扔到空中然後再被接住的過程。他們對球被高高彈起的過程表現得興致勃勃，而且還會幻想著自己成為天生的球類運動員，本能的在球被拋出去後去接它或踢它。

其實，氣球也是孩子的球類玩具中很好的選擇，可以用手拍、用腳踢；還可以吹鼓氣球然後給氣球放氣，讓氣球在屋子裡亂跑；或是買不同形狀的氣球，豐富孩子的想像力。這些過程都激發著孩子的快樂情緒，讓孩子在遊戲的過程中享受快樂並懂得合作的意義。氣球是家庭中最簡單、便宜而且不可缺少的球類。

盒子的使用方法

我們可以將豆子、鈕扣、貝殼、胸針、徽章、鵝卵石、別針、彈球、珠子、咖啡豆、硬幣、骰子等放到一個盒子裡，可以訓練孩子觸覺。蒙上孩子的眼睛，每次只讓他們拿出一樣東西，然後讓他們敘述這些東西的特性：是圓的、方的、尖的？是粗糙的還是光滑的？這種方法適合幼兒期各個年齡階段的孩子，給孩子們東西，

讓他們敘述出這些東西的名稱及特徵。

有些孩子喜歡將大頭針和別針放到嘴裡，這是很危險的。透過盒子遊戲就能夠改掉這些孩子的壞習慣。我們可以將盒子中所有可以對孩子造成傷害的東西放到一個小盒子中，同時幫助他們識別別針、圖釘、針等東西，告訴他們東西的時候要小心，防止傷害自己。那麼孩子就會改掉將危險物品放到口中的習慣。對於孩子來說，禁止不如正確的引導他主動選擇。

還可以利用盒子中的小東西玩「奇偶」的遊戲。母親可以從盒子裡那幾件東西握在手中，然後問孩子是奇是偶，孩子猜過之後，母親可以和孩子一起數數是否正確。

與寵物作伴的權利

寵物能夠給孩子帶來無窮的樂趣同時喚起孩子的情感，激發孩子的同情心，同時培養孩子關心他人、照料他人的本領。從小對孩子進行這種情感的培養，等到孩子稍大一些的時候就會懂得如何去愛以及如何去付出。很多父母不同意自己的孩子與這些寵物接觸，理由是寵物會傳染給孩子細菌，但是我寧願冒著孩子生病的風險去讓孩子和這些寵物接觸。養鳥也是可以的，但如果是關在籠子裡還是免了吧。我家就有一隻金絲雀，在家中的某些地方可以自由的飛翔，有時候還會站到打字機的架子上唱歌，還能學著跳繩。當小維妮拉小提琴的時候，牠就會站在她的肩膀上隨著美妙的音樂翩翩起舞。

用萬花筒和明信片來豐富孩子的世界

萬花筒能夠激發兒童對圖片和圖案的興趣，孩子會透過千變萬化的圖案來感受圖片變幻的快樂。透過萬花筒和明信片能夠豐富孩子的地理知識和圖片欣賞能力。

樂器的作用

老師或家長可以和孩子們一起聽音樂並進行一些表演、遊戲。透過這些方式來讓孩子們對偉大的音樂作品和歌手的聲音進行熟悉。還可以透過一些音樂訓練來讓孩子們在音樂中進行放鬆，處於「安靜」的狀態或是在歡快的音樂節奏中翩翩起舞。這些行為會在音樂的帶動下變得自然，幾乎不用老師去指導什麼。比如：鼓，在敲打的過程中可以培養孩子的節奏感，在一些節奏遊戲或行軍遊戲中是非常不錯的輔助工具。

珠子怎麼玩

大多數孩子都很喜歡圓圓的、五顏六色、大大小小的珠子。我們可以教孩子串珠，能夠鍛鍊孩子的手指靈活性。還可以讓孩子數珠子的個數，鍛鍊孩子的計數能力。可以在碗中放不同顏色不同粗糙程度的豆子、花生米等，讓孩子從中夾出光滑的豆子，對於鍛鍊孩子的手部能力及計數能力都有一定的好處。

地圖的玩法

顏色鮮豔的地圖掛圖能夠引起孩子的興趣。透過玩虛擬旅遊的遊戲讓孩子掌握相對距離的概念。還可以買一些地圖拼圖，父母可以先告訴孩子與拼圖有關的知識，能夠幫助孩子順利的完成拼圖的過程。比如在拼美國地圖時，我告訴孩子們德克薩斯州是美國最大的州，而羅德島州是美國最小的州，賓夕法尼亞洲如同一個長方形等，孩子在了解這些知識後去拼圖能夠達到更好的效果。

放大鏡的作用

放大鏡能夠讓孩子注意到物體的細節部分，比如：孩子可以透過放大鏡對花朵、昆蟲的構成有更加深入的了解，還可以更加形象的為他們解釋一些物理定律或生物特性等。

幾何圖形的作用

細木條、牙籤、紙條都能夠擺出各種幾何圖形。可以透過擺圖形的遊戲來灌輸給孩子們幾何概念，在擺放的過程中還能夠鍛鍊孩子的動手做能力。

小型照相機

我們可以教孩子如何使用小型照相機，讓孩子用照相機去對準大自然中的動物，而不是用刀用槍，教育孩子如何去熱愛大自然及大自然中的生靈。照相機的功能很多，可以記錄周圍的人和事，帶給孩子無限的快樂。

剪貼畫薄

這是孩子非常喜歡的記錄形式，內容非常豐富。可以是孩子們喜歡的圖片，也可以是名人照片或作品，甚至是孩子的成長記錄照；可以用圖片來搭配故事，也可

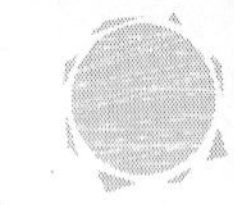

以給故事配上插圖……能夠盡情的發揮孩子們的想像力。小維妮就有一本貼滿了卡片、禮物、照片等的冊子，她一直很喜歡它。

引導：每個孩子都是帶著天賦出生的

即使是普通孩子，只要教育得法，也會成為不平凡的人。

——愛爾維修

自然法則教育相信每個孩子都是有天賦的，無論他多麼普通、多麼平凡，都會帶著某種天賦出生。而現今我們看到的孩子大多數都是普通、平凡的，天才似乎少之又少，大多數看上去似乎沒有激發某種潛力的可能了。其實，這與孩子的智力無關，關鍵是孩子的父母在孩子小的時候沒有將教育工作做完善，必要的牽引工作沒有做到，導致孩子原本擁有的天賦消失。

我們經常會覺得自己的孩子沒有天賦，很平凡。主要是因為在最初階段孩子的天賦沒有被發現，也沒有透過很好的牽引指導來指引他走向正確的方向。有的孩子的天賦是很強的大，強大到無法被阻礙扼殺，但是大多數時候孩子的天賦要靠挖掘、保護、牽引才能夠繼續它、發展它。

每一位父母都應該相信自己的孩子是與眾不同的、帶有天賦和才能的，也請每位母親盡自己最大的努力去發現、挖掘自己孩子的天賦。

挖掘孩子天賦的關鍵期

當孩子對世界表現出興趣的時候，就是這個孩子要接受教育的時候，對於孩子的教育要按照他所表現出來的興趣和趨勢進行，而這個興趣和趨勢其實就在預示孩子天賦的存在。老卡爾的故事前面已經提到，他將一個弱智的孩子培養成為一個具備天才特質的孩子。因為老卡爾掌握住了孩子的特質，並在早期對其進行開發，一個智力有缺陷的孩子尚能如此，更何況是普通孩子。

神童長大後變成平凡人的例子也是數不勝數的。有很多小時候表現出某種特質的兒童在稍大一點或是成年後表現平平，就是因為他們的父母非但沒有將孩子所表現的特質進行培養、發展，反而到處炫耀、表演，使孩子的天賦日漸萎縮，最後變成了普通人。

老卡爾可以將弱智兒子變成天才，而天才也可以日趨平凡，這與父母的引導有很大的關係。如果父母在一開始就注意到孩子的潛力或天賦，並對其進行開發和引導，掌握好方向、審時度勢、用對方法，就能夠將孩子培養成天才。

很多人都對小維妮的成就羨慕不已，這與早期的教育方式是密不可分的。要在不同的階段給予孩子最適合的教育，最大限度的開發孩子的智力。對於每個孩子來說，不管天資如何，經過合理的早期教育都能夠變得很優秀。

孩子要在與父母的合作中進行才能訓練

伯爾教授和夫人有四個可愛的孩子。當孩子處在襁褓中的時候，夫妻倆就開始對他們進行「美文」訓練。他們有意識的將自己的所有精力都放在如何使孩子愛上「美文」上。他們在培養孩子之初就懂得掌握方向，對孩子的語言天賦進行深度開發。他們將孩子們放在一個舒適的環境當中，母親就會帶著感情去為孩子朗讀那些經典、偉大的作品，幫助他們加強語言方面的記憶和感受。他們的孩子在搖籃期時就能夠對簡單的詩歌節奏有所感覺。伯爾夫婦認為，如果不對孩子進行有意識的觀念和邏輯訓練、沒有系統的語言訓練，孩子就不能靠近那些具有偉大思想的作品。

幾乎所有的孩子都要在與父母的合作中進行天賦的開發和智力的訓練，父母對於孩子天賦的發現、引導、培養有著重要的作用。很多智力遲緩，年齡比較大的成功人士，或許更能說明他們的天生擁有敏銳的思維，只是天賦被掩埋了。如果他們在早期進行訓練，他們的父母與他們進行合作，可能這些天賦能夠更早的被挖掘出來，他們也就能更早的成功。

過度開發是否會損耗智力和生命

伯里斯．塞德茲博士認為：「在錯誤的觀念下學習和思考將會導致神經錯亂，甚至會導致精神分裂。」由此可見，錯誤理念的困擾和糾結才是導致精神分裂的原因，並非是大腦過度開發造成的。目前，還沒有出現過因為過度思考或學習而出現精神錯亂或精神分裂的案例，所以不要擔心對孩子的大腦進行開發會損耗孩子的精神，我們可以放心的去在他們的生命處在最初階段的時候激發他們對知識的熱愛以及對遊戲的興趣。如果我們總是擔心過早開發會對孩子產生不利影響而錯過了最佳的天賦開發的時機，就會將孩子的天賦浪費掉，以至於當孩子稍大一些的時候變得很平凡。其實，只要我們以孩子的「興趣」為挖掘天賦的起始點，就不會有什麼不利

的影響。

很多有特殊天賦的人才，如：音樂家、美術家、舞蹈家等，當他們將自己的天賦發展得過深、過久，很可能就會變得古怪，交流能力、融合能力、自理能力就會變差，甚至與社會脫節。因此，很多父母都會認為真正的天才就是瘋子、精神不正常等。沒錯，現實生活中確實有很多天才出現了精神錯亂的現象，瘋狂成了他們抓住靈感的途徑；似乎很多事實證明內心的痛苦才能不斷的帶來靈感，神經錯亂才能領悟到更深的藝術境界和人生。

但是在我看來，這些看法是非常荒謬的，當那些所謂的「天才」只能在特殊的刺激下或是極度的痛苦下才能發揮自己的「才能」時，這種「才能」是不應被認同的。這就好比一個人在發瘋的時候力量就會大幾倍，但是這種力量是不被人們羨慕的，這對於患者本身也是一種傷害。無論是什麼事，都是有原則和底線的，我們不能越過那條警戒線。在母親對孩子的天賦進行開發時，要盡自己的最大努力來尋找並引導出孩子的某些才能，但不能以犧牲其他天賦為代價，也絕不能在某一領域沒有節制、無休止的進行開發。比如：對孩子的數學智力或美術才能進行無休止的開發，就很容易導致孩子思維混亂或與社會脫節。

學習要在一個興趣盎然的氛圍中進行，要讓孩子熱愛學習、嚮往學習，並且能夠從學習中有所感悟。我們提倡培養智慧型的人才，要心智、意識、才能全面、均衡的發展。當然了，一個人是不可能在各個領域都表現突出，不用去羨慕那些單一型的人才，真正健康發展的模式應當是擅長某一領域的同時兼顧其他領域的發展。就如同一顆發展均衡的樹一樣，主幹蓬勃向上的同時也要保證枝幹的平衡發展，否則的話，看上去就會覺得那是一種病態。

遊戲：讓孩子學習的最好方法

兒童早期的各種遊戲，是一切未來生活的胚芽。

——福祿貝爾

遊戲對於孩子潛能的激發有著至關重要的作用，可以透過遊戲讓孩子對各種知識、技能的學習感興趣，從而達到快樂學習、快速掌握的目的。

「自然照料」遊戲讓小維妮愛上學習

大學教授威廉．詹姆斯認為：「聰明的母親完全可以利用這種照料的時間，透過合適的、有指導性的遊戲把孩子潛藏的能力開發出來。」我是非常堅信這個觀點的。在動物界，這種透過遊戲來教導孩子的方式隨處可見。比如：家貓，會帶著小貓不知疲倦的追逐、嬉戲、打鬧，將捕捉到的老鼠當做玩具來讓小貓玩，這樣，小貓就熟悉如何使用自己的身體，如何保持身體平衡以及如何捕捉獵物；母雞覓食的時候也會帶著小雞；老虎覓食的時候也會讓小老虎隨同……

其實換成人類也是如此，而且要比動物做得更出色。動物從來不會去擔心自己孩子的早期教育會妨礙其成長，相反，還會讓小動物更快的適應大自然中殘酷的生存法則。

在小維妮六個月大的時候，我開始教她「自然照料」遊戲中的一部分。最常用的就是「字母照料」遊戲。我在一面牆上貼了二十六個英文字母的大小寫，另一面牆上貼了諸如「香蕉」、「蘋果」、「梨」、「熊」、「狗」、「貓」、「杯子」、「凳子」、「盤子」等簡單的單字，這些字母和單字都是用紅色的蠟光紙剪出來的，對她的吸引力比較強。

孩子對甜美的聲音和鮮豔的色彩是比較敏感的，所以，每天早上，當維妮醒來的時候，我就會紅色的字母吸引她，然後用甜美的聲音念出字母的發音。有些時候我還會和保姆配合這個遊戲，當我拿出一個字母時，保姆就會念出來，小維妮就會在聲音的引導下將目光看向牆壁。這種「字母照料」的方法讓孩子的學習變得簡單有趣。

當維妮稍大一些的時候，我就會對她進行更深層次的「字母找媽媽遊戲」。我會從單字中拿走一些字母放到相對的大寫字母旁邊，比如：當我拿到「A」時，我會告訴他我有兩個「A(a)」，然後我將所有單字中的「a」都拿走放到「A」的旁邊，讓維妮再將它們放回原處，這樣，她就會在認識字母的同時學會一些單字。

透過「自然照料」這個遊戲，小維妮在十六個月的時候就學會了牆壁上所有的單字。強迫學習效果總是不會很好的，孩子會在學習的過程中進行一些無意識的反抗，無法全身投入到學習的過程當中，所以，要透過遊戲來激發孩子對知識的熱愛。

「尋找音符」遊戲開啟維妮的音樂之門

我教小維妮音樂是從最簡單的尋找音符開始的，和學字母的方法差不多。我們

會玩一些「尋找音符」的遊戲。當我伸手指牆壁上的音符時，保姆就會輕輕唱出來，慢慢的，小維妮也學會這樣做了，當我清唱某個音符時，她就會爬到牆邊準確的找到那個音符。

後來，我便加深了這個遊戲，將音符藏起來，等到維妮快發現它們的時候，我就會用鋼琴敲出那個音符。維妮非常喜歡這個遊戲，並且很快掌握了鋼琴的高低調。

孩子對音樂有著與生俱來的敏感，他們對節奏感強的東西表現出極大的興趣，但是不能對孩子進行強迫性學習，要尋找各種能激發他們興趣的方式來進行音樂的學習。這樣學習音樂才能成為他們的樂趣。

「蒙眼睛」遊戲讓維妮的觸覺更加敏銳

觸覺是嬰兒認知世界的重要工具。如果不好好的對嬰兒的觸覺進行開發，就會對孩子的智慧產生影響。

在維妮稍大一些的時候，我就和她玩「蒙眼睛」的遊戲。我會用一塊柔軟的絲巾將她的眼睛蒙住，然後將各種東西放到她的手中，讓她來辨認。剛開始，我只是放一些橘子、蘋果等容易辨認的東西，如果她能迅速的猜對所有物品，就會獲得獎勵。

如果是很多孩子參與到這個遊戲中，會更有趣。將所有孩子的眼睛蒙上，然後我將一個三角板或是梯形放到其中一個孩子手中讓他辨認，悄悄的告訴我是什麼東西，然後傳到給其他的孩子。如果哪個孩子沒有猜中，就會失去「聰明孩子」的身分，被淘汰出去。

對於這個遊戲，我還做了很多改進，比如在維妮蒙眼睛的時候讓她分辨出我和保姆的手，我和保姆的手都非常細，很難區分，但是維妮讓我和保姆同時牽她的手，因為我每天都會牽她的手去散步，她透過這種熟悉的感覺成功的區分了我和保姆的手。

透過玩「蒙眼睛」這個遊戲，維妮對她多接觸的東西都會非常留意，比如各種布料的差別，她都能透過觸摸感覺出來。

當然了，這個訓練的還有很多好處。教育專家們認為：「觸覺比較發達的孩子，身體協調性會更好，反應會更加靈敏。在一些動作類的學習中，也會比一般的孩子更快。」

這個遊戲是非常容易操作的，還能夠讓孩子在其他活動中表現得更加得心應手。

從遊戲中掌握外語

孩子小的時候，對語言是比較敏感的，在這個時候，要對孩子進行正確的引導，很快就能讓他們掌握更多的外語。

雷蒙德教授透過遊戲來教孩子們學習法語，遊戲的重點就是無論孩子們說什麼都要用法語，否則的話就會被淘汰出局。這種方法很有效，維妮在很短的時間就掌握了一些簡單的法語表達方式。後來，維妮還嘗試著用法語寫一些簡單的詩歌。

「布娃娃家族遊戲」也是孩子們非常喜歡的，規則是維妮先用法語講一句「紅色康乃馨」，其他的孩子就開始重複這句話，然後維妮再說一句「我有一朵紅色的康乃馨」，其他孩子跟著重複著，以此類推。遊戲的過程中，哪個孩子說錯了就會被罰出局，遊戲也要重新開始。透過這些遊戲，小維妮的外語學習過程變得輕鬆起來，而且充滿樂趣。

音樂：聽力與情緒培養的有效途徑

音樂是思維強有力的源泉，沒有音樂教育就沒有合乎要求的智力發展。

——蘇霍姆林斯基

微風的呼聲、流水的「叮噹」聲、鳥兒的鳴叫聲和人們歌唱的聲音都是非常美妙的聲音，而有些人卻不懂得去欣賞，這是非常遺憾的。這種音樂的匱乏和遲鈍歸咎於這些人在幼兒期音樂教育的缺乏。沒有音樂的生活是毫無樂趣的，而擁有一定的音樂欣賞能力的人能夠體會生活中的樂趣，這種對音樂的感覺應當從小培養。節奏感是每個孩子與生俱來的氣質，每個孩子對音樂都有一定的敏感性。

透過遊戲學習音樂

在前面我也提到，透過「尋找音符」遊戲來引起維妮對音樂的熱愛，後來我還對她進行了鋼琴的彩色音階遊戲，當維妮不開心時，我就會將她抱到鋼琴前，彈幾個音階給她聽，或者是讓她自己弄響它，每當那些黑白鍵發出聲音時，維妮都會咯咯

的笑出聲。

為了讓她對「音階」有一定的概念，我將紅、橙、黃、綠、青、藍、紫七種顏色分別貼在七個基本音階上，並且按顏色為他們命名，比如：紅色是一號音、橙色是二號音等，以此類推。所以維妮在不到六個月的時候就能夠區分這些音階了。

在維妮學習鋼琴的時候，我總會和她一起練習，並且會加進一些遊戲的成分，小孩子的創造力是無窮的，母親只需要給予他們一些簡單的指導和幫助就能夠讓他們自編出很多曲調，或者自己調換歌詞。維妮在很小的時候就自己創作了很多曲子，我將這些曲子一一記下，等到她長大後，會對這些回味無窮。

很多孩子不喜歡鋼琴，就是因為他們被告知如果不懂鋼琴就不要去碰它。其實我們可以直接掀起鋼琴的蓋子去展示裡面的琴弦然後告訴他們敲擊鍵盤的時候，音槌是如何工作的以及當音槌敲打長粗線或短線時會發出什麼樣的聲音。對於不同的孩子，教授鋼琴的方法也是不同的。所以目前要創造一些音樂遊戲來引導孩子學習音樂，並找出適合自己孩子的音樂學習方法。學習其他樂器也是如此，透過遊戲會順利得多。

被迫學習只會讓孩子厭惡音樂

有很多孩子不喜歡學習音樂，甚至厭惡音樂，其實這只是因為不斷的練習、被迫的學習讓他們厭倦了音樂。

有一個小男孩，每天都要在老師和家長的輪流督導下進行不間斷的練習，他們對他抱了很大的希望，想讓他在音樂方面有所成就。但是結果呢，這個孩子厭惡所有的樂器，我曾經聽到他很認真的對母親說：「我恨你，媽媽，我不願意練習。」

維妮沒有遇到過這樣的情況，從她開始接觸音樂時，她的老師就知道如何讓她的學生喜歡音樂。這位老師給維妮一些簡單的旋律練習，當維妮掌握了特定的低頭動作後再給她別的練習。老師沒有強迫孩子去學習單調重複的音符，而是從簡單旋律入手。

很多的父母都希望自己的孩子成為「貝多芬」或是「莫札特」一樣的鋼琴大師，但是卻不對孩子進行早期的音樂教育，等到孩子七八歲的時候又強迫他們去接受音樂、練習音樂，使音樂成為他們痛恨的課程。恐怕沒有什麼比逼迫孩子學習更糟糕了吧。與其讓孩子們上自己不願意上的鋼琴課，進行無休止的練習，還不如陪孩子

玩一些音樂遊戲，可能會達到更好的效果。

先聽後練的原則

很多音樂教師都秉承著用「技術」來對孩子們進行音樂教授的方法，不允許孩子隨意彈奏，要按照他們的訓練課程彈奏那些沒有任何創造性的樂譜，而且每天都要練習很久。這就是我們現在培養出來的機械鋼琴師，如果沒有樂譜，他們連最簡單的旋律都不會彈，與其這樣，還不如讓孩子們忽略掉所謂的技術，用最簡單的聲音來表達他們最直接的想法和感情。

為了鼓勵孩子們感受音樂、創造音樂，要讓他們多接觸那些偉大作曲家的偉大作品，這些音樂中充滿了靈感。音樂具有神奇的力量，如果家中有音樂聲，孩子就會比沒有音樂的時候少一些哭鬧聲。甜美的音樂緩解孩子緊張、急躁的情緒，讓他們感到舒適、快樂。

對於音樂的熱愛要灌輸到孩子的靈魂當中去，不能一味的將那些死板的音樂知識硬塞到孩子的大腦中。音樂不是生硬的音符系統或特定的節拍，讓孩子們透過音樂字元理解音樂、感受音樂是很無知、荒謬的。音樂是用耳朵聽的，而不是用眼睛看的。不要再去告訴孩子必須以哪種方式去彈奏，而是要讓他們先懂得如何去聆聽音樂、感受音樂，等到他們對音樂充滿情感和期待時再用遊戲去教他們學習音樂。

如果孩子想要自己嘗試著彈奏曾經聽過的簡單的鋼琴曲時，要鼓勵他們，這對於孩子自創音樂是非常有幫助的，不要只是讓孩子按部就班的進行音樂的練習。

維妮寫下了她所知道的所有簡單旋律的名稱，並且收集了這些曲子的相關資料。她並沒有按照傳統的思想去練習卻成為了一名出色的小作曲家。

音樂能夠開發舞蹈天賦

對於嬰兒來說，自然界的一切聲音，雨水的「滴答」聲、風聲、小鳥歌唱聲……都是音樂的元素。孩子對音樂有著與生俱來的熱愛和超強的模仿能力，所以，要引導他們去大自然中尋找音樂。維妮就很喜歡模仿鳥的叫聲。

熟悉音樂並建立良好的節奏感是進入音樂大門的第一步。而且在無形中幫我開發了維妮更多的天賦和潛能，在維妮剛剛學會走路的時候，我就打算教她一些簡單的舞蹈，沒想到她學的很快，因為她能夠敏銳的掌握住各個動作間的節拍。

有些時候，維妮還會隨著朗誦的詩歌翩翩起舞，跟著節拍隨意的舞動自己的身

體，維妮在很小的時候就掌握了很多舞蹈，如國標、華爾滋、印度舞、印第安舞等，她會隨著響板、鼓等節奏簡明快的樂器跳舞。維妮的口哨也吹得很好，她常常自己吹口哨跳舞。

舞蹈讓維妮的身體更加健康，體型更加優美，希臘人和羅馬人優美的體形與他們從小就能歌善舞的關係是非常密切的。

第四篇　幼兒期的身體運動訓練

幼兒已經不像嬰兒那樣，什麼事都靠外界的力量援助來完成，這個階段不能對孩子太過呵護，要適當的拓展孩子的活動空間，讓孩子去發現世界、觀察世界，在活動的過程中強健自己的身體，同時增強獨立性和動手做能力，還要注意培養孩子的良好習慣，要知道，習慣是從小養成的。

運動：解放孩子的身體，讓孩子運動

運動是一切生命的源泉。

——達文西

對於父母來說，沒有什麼比讓孩子健康成長更重要的了，如果聰明的大腦和豐滿的靈魂必須被一個羸弱的身體所擁有，那這些優勢就顯得暗淡無光了。

我們的身體，是大自然的饋贈，也是我們賴以生存的基礎，我們要重視身體的健康問題。透過運動來讓孩子健康成長。身為母親，要好好照顧、保護我們的孩子，同時也要重視我們自己的身體。運動在這個過程中是非常重要的，提高孩子的運動能力，身體健康才能有保障。

但是，不能只是每天催促孩子跑步等，要將運動融入到遊戲當中，讓孩子從心理上接受運動，如果只是進行一些強迫性的訓練，只會讓孩子對運動產生厭惡，不愛運動，導致身體素養下降。提升孩子的運動力，需要我們做父母的下很大的功夫。

透過遊戲來強壯孩子的身體

孩子要在六週大的時候開始進行背部肌肉的鍛鍊，可以讓孩子抓住一根表面光滑的小木棒，孩子會憑藉本能來拿起、放下、揮動。孩子很喜歡這樣的遊戲，大多數情況下，孩子拿到棍子後就愛不釋手了。在維妮兩三週的時候，我就帶著她到戶外呼吸新鮮的空氣，並且幫助她在光滑的木棍上做懸掛運動，很多孩子都能模仿猿猴做一些簡單的運動。當然了，任何運動都要孩子自願去做，不能勉強，而且要適可而止。

我在維妮的房間開闢了一個專門供她活動的場所，那裡擺放了各種玩具，可以打擊的、可以攀爬的、可以投擲的、可以滾動的等，這些玩具能夠很好的促進孩子的肌肉生長，強健他們的體魄。我還為她在院落中設置了活動場所和各種簡單的運動工具，如：蹺蹺板、滑梯等。

在維妮五歲的時候，我就教他騎馬，現在，騎馬已經成為維妮最喜歡的運動之一了。

手工製作能夠開發孩子的智力和身體協調能力，我會經常和維妮一起摺蝴蝶、

紙鶴、青蛙、小船等；或是為布娃娃做衣服；用簡單的小盒子、小紙片做小火車、小房子等。

透過遊戲來對孩子的協調性進行鍛鍊

在孩子很小的時候，要給他們配備一把安全剪刀，教他們剪紙，他們對這個遊戲是非常感興趣的。還可以教他們剪一些簡單的動物、人物或是其他圖形，最後讓孩子自己剪下來，在剪的過程中，能夠鍛鍊孩子的思維和身體的協調性。

翻繩遊戲也能夠鍛鍊孩子的手部肌肉的協調性和穩定性。我們可以將繩子在手上編出圖形，然後讓孩子學習，每個孩子都喜歡繩子在手指上互翻的遊戲。

平時的時候，可以鍛鍊孩子自己動手脫衣服、穿衣服，在這個過程中盡量不要幫忙，可以鍛鍊孩子的手指調節能力和手腕力量。

給孩子一塊輕黏土，讓孩子自己去將它捏成餡餅、水果、蔬菜、小房子、小火車、小動物、家具等，小維妮就很喜歡捏動物一家：兔媽媽和小兔子、雞媽媽和小雞等。輕黏土遊戲能夠讓孩子的手指更加靈巧，能夠促進孩子身體和大腦的協調性。

在家裡為孩子設個小健身房

我在家中為維妮建了一個小健身房，裡面配置了普通運動的器械，還有沙箱、蹺蹺板、滑梯和一顆模仿真攀岩階梯型的大樹。它的構成很簡單，小孩子很容易爬上去。這棵大樹能夠訓練孩子的平衡協調能力並且鍛鍊孩子的腿部肌肉。

維妮五歲的時候，我已經叫她學會了騎馬、划船、游泳、踢球、爬樹、爬山等運動。透過這些運動，能夠鍛鍊孩子的體能還可以培養她克服困難的勇氣，勇敢的面對環境的改變。我還教她深呼吸、吹口哨、唱歌來增進她的肺活量。

維妮有很多能夠鍛鍊她各方面體能的玩具，但是卻沒有手槍、刀具、煙火爆竹等具有「殺傷力」的玩具。我也不會帶她去玩那些過度刺激的遊戲，我相信這些遊戲除了能保持孩子興奮，提高承受刺激的能力外沒有其他好處。

我每天都會和維妮進行很多項的遊戲和運動，她在忙碌中成長著，但是很充實也很健康。當一個孩子無所事事的時候，他就會對生活感到厭倦，會覺得生活了無情趣。讓孩子忙起來、動起來，就能夠健康、快樂的成長！

手工：放開孩子的雙手，讓孩子實踐

「為學要如金字塔，要能博大要能高。」

——胡適

我用很多方法對小維妮進行動手做能力的訓練：讓她抓取桌子上的玩具並且晃動、敲打；我會準備一些有彈性的玩具讓她隨意捏取；教她玩各種各樣的球以及球類的接取、拍打方式；教她用輕黏土捏各種各樣的東西；用紙摺各種小動物、花、小船等。自然教育中的很多工具都能夠對她的動手做能力進行鍛鍊。比如：串珠遊戲、夾豆子遊戲、擲骰子遊戲、算盤遊戲等，教孩子們唱歌跳舞的時候小手會不停的擺動，也是在對他們的動手做能力進行鍛鍊。

手指的運動對於開發孩子的智力來說是非常有好處的，可以利用一些簡單的工具和遊戲來幫助孩子們的小手動起來。手的運動會刺激大腦的很多區域，透過大腦的思維和眼睛的觀察能夠不斷的對手的動作進行糾正，使動作更加精細、完美。「動手」能力可以鍛鍊眼睛、手、腦的配合協調，能夠積極的促進幼兒智力的發展。

小維妮很喜歡交朋友，我經常會和她一起做一些有趣的東西送給小朋友，比如用香蕉做成小狗或是小船的形狀，維妮對做這個很在行，我們稱其為「香蕉大變身」遊戲。會將香蕉做出各種各樣的形狀。在聚會的時候，這些香蕉變身後的圖形便成了小朋友們最喜愛的食物。

孩子要學做一些手工

對於孩子來說，學做一些手工是非常必要的，而且，孩子也樂於做這些。小維妮對手工就很感興趣，我透過「裝扮布娃娃」這個遊戲來啟發她。

我指導維妮為她所喜愛的布娃娃做一條帶有蕾絲邊的圍巾時，她非常開心。她還主動要求為布娃娃做一套紫色的晚禮服。我答應了她的要求，但要求是讓她來當「裁縫」，我則僅僅作為助手。維妮對這個遊戲非常迷戀，還主動接受了其他小女孩的「訂單」，她們在一起討論顏色和樣式方面的問題，顯示了女孩子的天性。

後來，維妮還學會了編織和刺繡，為布娃娃編了一頂粉紅色的太陽帽，為一個藍色的墊子繡了一隻黑白色的斑點狗，做這些的時候，她只有四歲。小維妮的手工作品很有藝術感，她的小創意往往會令人吃驚，在顏色、樣式、構圖上都有很多的

奇思妙想。所以，讓女孩學做一些手工能夠使她們充滿創意的力量。

有些手工的製作過程是比較複雜的，可能需要花費很長的時間，而維妮又對其很著迷，有時我不得不限制她的製作時間，後來，我規定無論她做哪種手工，都不能超過半個小時。

用各種自然教育工具來提高孩子的動手做能力

孩子應該玩一些自然的或是自己動手做的玩具，而不是商場中哪些機械的玩具。玩具最好是由天然材料構成的，比如樹枝、樹葉、果實、貝殼、碎布、泥沙、紙盒、自製模型等。越原始、越單純的玩具就越能夠激發孩子的想像力和創造力，手拿玩具槍的孩子可能懂得來回發射，卻不會去想槍為什麼能發射；而那些拿著標本樹葉的孩子卻可以看到葉脈，透過它來描繪形狀，並且給它分類；一截圓木，可以做成桌子、椅子、鼓、方向盤、車軲轆等，孩子們可以根據遊戲的需要來變化手中玩具的名稱和用途。

無論是男孩還是女孩，都喜歡玩各種扮家家酒的炊具做飯的遊戲，在這個遊戲中，孩子們會發揮自己的想像力做出自己喜歡的糕點和飯菜，還會請別人來品嘗。

很多遊戲都能夠讓孩子在動手的過程中體會快樂並學習知識、鍛鍊思維。

挖沙子遊戲也是一種很好的鍛鍊動手做能力的遊戲。孩子們會挖坑、修管道、壘城堡，在這個過程中，既鍛鍊了動手做能力，又增加了建築知識。孩子們玩這種遊戲越多越能鍛鍊他們的動手做能力、豐富他們的想像力。

父母要充分利用自然教育工具來鍛鍊孩子的動手做能力，使孩子能夠成為想像力豐富、獨立、勇敢、品行優良的人。

整理：培養孩子習慣的好方法

既然習慣是人生的主宰，人們就應當努力求得好的習慣。習慣如果是在幼年就起始的，那就是最完美的習慣，這是一定的，這個我們叫做教育。教育其實是一種從早年就起始的習慣。

——培根

好的習慣對於一個人的健康成長來說是很重要，如果從小養成了好的習慣，具有好的規劃能力，那麼好習慣所帶來的好處就會受益終生；如果養成了壞的習慣，是很難改掉的，而且一生都會被它所拖累。

透過「小伎倆」培養孩子整理東西的習慣

為了培養維妮的良好習慣，我和丈夫都非常有耐心。我明白，只要父母的行為習慣正確，有這堅定不移的信念，孩子就會有足夠的信心去堅持下去，我透過講童話的方式來引導和鼓勵她，並告訴她，如果她今天表現得很好，仙女就會悄悄的在她枕邊放上巧克力。如果她淘氣，沒有堅持好習慣，仙女就不會來看她。如果她亂放衣服、不疊好衣服、亂丟玩具，那麼第二天仙女就不會給她送來美麗的衣服和各種玩具，她就會沒有衣服可換，沒有玩具可玩。如果她將紙娃娃亂扔在地上，這些紙娃娃就會消失很多天，當維妮再想玩的時候就不會那麼順利。透過這些方法，都能夠培養她養成整理東西的習慣。

培養孩子注重衛生的習慣

伍茲哈欽森醫生說過，「我們和我們的牙齒年齡相當」，所以，一定要告訴孩子保持牙齒清潔的重要性。在維妮很小的時候，我就告訴她要每天刷牙，並且每天用適宜的溫水給她洗澡，保持身體的潔淨。漸漸的，她養成了這種習慣，如果一天不洗澡就會覺得很不舒服。

而有些孩子甚至好幾天都不洗澡，也沒有刷牙的習慣，這是非常不好的，對於孩子的健康來說也是非常不利的。經常不刷牙會損害孩子的牙齒，等到牙垢累積到一定程度就會很難清理。這些習慣一旦形成是很難改掉的，小的時候可能不會覺得尷尬，但是等孩子稍大一些，如果整天邋裡邋遢的就很難交到朋友，也會成為其他小朋友排斥的對象，對孩子心理的健康發育也是不利的。

給孩子布置任務

父母培養孩子的習慣要根據孩子的年齡特點來進行，並且要提出非常具體的要求。孩子有了目標之後就會知道該如何去做事情了，最好讓你所提出的要求能夠看得見、摸得著，讓孩子能夠很清楚的知道你要讓他做什麼。

首先，父母要培養孩子愛勞動的習慣，不能夠任其懶惰。你可以給孩子規定明確的任務，比如：我通常會對維妮說：「可以將你的玩具收拾好嗎？可以將你的書放

回書架嗎？」

我的鄰居總和我抱怨他的孩子如何如何不聽話，經常將玩具和書扔得到處都是。其實，這不能歸咎到孩子的身上，孩子有這樣的習慣，只能說是母親沒有為孩子定好規矩。其實，孩子亂扔東西的問題是每位母親都會遇到的。但是，在我家，我會為維妮設置遊戲區，並且要求她將玩具放在那裡，不能放到臥室或是餐廳，有了這個規矩，她就必須將玩具整理好之後才能去做其他的事情。透過布置任務、定規矩的方式讓維妮養成了非常好的不亂放玩具的習慣。

書籍的放置地點也是有明確規定的，只允許她將書籍放到書桌或書櫃中，床頭上也可以放一兩本。有一次，她將一本書看了一半後放到玩具區，我就提醒她說那個綠色的「書本小精靈」離開朋友後會很傷心、很孤獨的。從那以後她就不再亂放書本了，後來還主動為自己的書包上書皮，按她的說法就是為「書本小精靈」穿上漂亮的外套。

在培養好習慣的問題上要注意多做塑造、改造工作

在培養孩子的習慣的問題上還要掌握一個原則，就是多做塑造、改造工作。好的習慣的養成很容易，但是要改掉壞習慣可就難了。

有一天，維妮說要去一個小朋友家裡玩，我欣然同意，但告訴她要在六點鐘之前回家吃飯，她雖然答應我了，但是並沒有在六點鐘回家，我們的開飯時間延後了二十分鐘。我接受了她的道歉，也沒有指責她。飯後，我們看計畫好要去看的戲劇演出，但是因為維妮的遲歸我們沒有按時到達。此時，維妮已經明白是她的錯誤擾亂了我們的整個計畫和程序。

透過這件事，維妮明白了準時的重要性。從那以後，她無論在什麼事情上都很準時，也會遵守約定。其實，哪怕只是一件很小的事情，都會對孩子產生深遠的影響。

在這個習慣的培養過程中，父母是不可忽視的榜樣，父母在行事上要保證前後一致，不能隨意妥協、更改，或是沒有原則的放棄。也不能因為個人的原因違背對孩子的承諾。

好的習慣能夠增加孩子的自信心，因為那些擁有好習慣的人在說話、做事的時候往往是很嚴謹的，會受到很多人的尊重和敬仰，這樣的人在人群中是很容易凸顯出來的。所以，父母一定要培養孩子的良好習慣，對於孩子的後天發展是非常

重要的。

自主：培養孩子獨立、自強

為了成功的生活，少年人必須學習自立，剷除埋伏各處的障礙，在家庭要教養他，使他具有為人所認可的獨立人格。

——戴爾．卡內基

自主能力應該是每個孩子都具有的，我們一定聽說過某個大學生上學後連最基本的生活自理能力都沒有，洗衣服都不會，這是多麼荒唐可笑啊，他的父母應該感到可悲吧。這樣的人即使有再大的學問也是沒有用的，除了學習之外，每件事都不能夠獨立完成，對於生活中除了學習以外的事情也會感到懼怕，束手無策。

這種自主能力的培養是非常重要的，與孩子的父母有很大的關係。如果父母從孩子很小的時候就對他進行自主能力的訓練，也就不會有如今的結果。

讓孩子自己去做事

維妮很小的時候我就教她自己去做事。讓她自己去穿衣服、穿鞋子、洗臉、刷牙、去洗手間、吃飯、整理玩具等等。我認為應當放手讓孩子去做這些基本的事情，讓她形成一種足夠強大的自我意識，並不斷的對她進行鼓勵。維妮總是將自己的房間收拾得乾淨整潔，自己的遊戲室也收拾得井井有條。

很多父母看到孩子吃飯的時候弄了一身就想去餵他；看到孩子玩樂的時候弄得一團糟就想去收拾，這是非常不應該的，父母一定要控制自己想要幫助孩子的衝動，不能總是因為自己的「不放心」而過多的干預到孩子的行為上來，父母在孩子從事一些事情的時候忙來忙去只會讓孩子喪失去自己的能動力，等到他們稍微大一些的時候，面對很多事情都會束手無措。

孩子在小的時候，面對很多事情都會有表現的欲望，在成長的過程中，孩子往往想要自己做一些事情，能夠讓他們產生自豪感和愉悅感。如果他們從小就有機會去表現自己、照顧自己、幫助他人，那麼長大之後就會有足夠的能力和勇氣去承擔自己的責任，也會樂於助人。

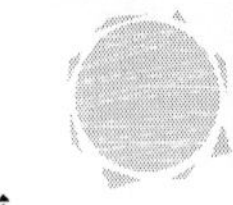

維妮很小的時候就有主動參與的意識。我澆花時，她就會提著小水桶來幫忙；我做家事時，她就會拿著抹布擦來擦去等，這就是孩子的參與欲望，也是孩子自己動手做事的能力和想法的表達。

但是在很多的家庭當中，這種表現往往會被忽視甚至被斥責，父母會擔心孩子受傷或是弄壞東西，有時候只是覺得他們在搗亂，於是不斷的阻止。在這種情況下，孩子的自尊心是會受到打擊的，認為自己沒有足夠的能力來做這些事，漸漸的，這種做事的主動性就會消失，甚至會喪失掉嘗試的勇氣和責任心。所以，在孩子表現出強烈的動手意願之後，就放手讓孩子們去做，動手做能力一定要從小培養。

替孩子做事會打擊他的積極性

替孩子做事會讓孩子喪失自我實踐的機會，導致他喪失信心和勇氣，也會沒有安全感。因為安全感就是建立在自己有能力去面對挫折、應對問題的基礎上，父母將所有的問題都代孩子解決就會剝奪孩子發展自己能力的權利，而這，正是孩子最珍貴的東西。

孩子在成長的過程中，獨立、自強是很必要的，一定要培養孩子承擔責任形成自主意識的能力。如果他們在不斷的嘗試中總有父母的幫助就會形成一種錯誤的思想，認為什麼事情父母都可以幫自己解決，自己根本不用去費心思，那麼，很小的障礙就可能阻斷他們前進的道路。

相反，如果父母跟他們保持親密，不斷的給予鼓勵，在他們想要自己玩、自己做事的時候能夠給他們自我控制的權利。那麼這個孩子的安全感就會比較穩固的建立起來。

在維妮六七歲的時候，就能夠與別人很好的相處，並且樂於助人，在朋友面前非常受歡迎。有很多人問我維妮在家中受過什麼樣的鍛鍊。其實也沒有什麼特別的訓練方法，我只知道一點，就是我會經常鼓勵維妮自己做事，只要是她能自己完成的事情我就會讓她自己做。避免她養成不負責任和依賴別人的習慣。我經常告訴女兒，能夠擺脫外界幫助，不依賴外界的人，才能成為獨立、自強的人。

第四篇　幼兒期的身體運動訓練

第五篇　幼兒期的思維訓練

在幼兒期，剛剛學會走路、說話、看世界的孩子內心是充滿了好奇的，他們的想像力和求知欲也會在這個時候蓬勃發展，所以在這個階段要注意對孩子各個方面的能力進行培養，強行限制或置之不顧，都可能貽誤孩子。

記憶力：記憶力是學問的基礎

記憶力並不是智慧，但沒有記憶力還成什麼智慧呢？

——哈柏

孩子的記憶能力是非常強的，這是孩子與生俱來的天賦。我也相信，很多孩子甚至在母親的腹中的時候就開始擁有記憶力了。在小維妮出生後不久，我就輕輕的呼喚她的名字，她就能對我做出回應，我想這應該就是我在懷孕的時候不斷呼喚她名字結果。

「鷹眼」遊戲增強記憶法

我會透過日常生活中的點點滴滴來啟發她，訓練她的記憶力和觀察力。散步的時候我們會用心去觀察周圍的事物，並且將這種遊戲命名為「鷹眼」遊戲。當我們看到一個擺滿物品的櫥窗，就會一同快速的掃視一下裡面陳列的物品，然後比賽看看誰能記住更多的物品；路過堅果店的時候，我就會問她剛才那個攤上都有什麼堅果，這時候，維妮就會將它們一一列出，如：瓜子、花生、胡桃……這種方法很簡便，而且生活中隨處可見也隨處可用。現在，維妮已經能夠非常快速的將觀察到的場景和人物準確的進行描述了。

維妮非常喜歡這個遊戲，還會和朋友們一起進行，有時候觀察人物，有時候觀察動物，也可以觀察事物。

維妮很小的時候，我就開始訓練她的識路能力。我會帶她到四處走動然後教她認路，再經過同一個地方的時候，我就會讓她在前面帶路。

這些訓練讓小維妮具備了很好的記憶能力，她在五歲的時候就能將的歌詞一字不差的背誦下來，引得教授們嘖嘖稱讚，大家都誇讚維妮是個天才，但是我知道，維妮的各方面能力是靠後天的培訓得來的。

「演繹故事」遊戲增強記憶法

維妮很喜歡演繹故事的遊戲，而這個遊戲非常適宜鍛鍊孩子的記憶力，能夠將孩子的記憶細胞調動起來，讓孩子終身難忘。我用這種遊戲的方法來教維妮學習歷史、文學、甚至地理，不但幫助維妮學習了這些方面的內容，而且鍛鍊了她的記憶

力。透過講故事能夠很好的鍛鍊孩子的記憶力，啟發孩子們的想像力，還能夠拓展他們的知識層面，對於增強記憶力也很有幫助。

「再重複」遊戲增強記憶法

維妮從很小的時候就能夠記下很多東西，我們經常玩一個叫做「再重複」的遊戲。比如：當我們看到一朵金盞花的時候，我就會說出這種植物的名稱，然後告訴她這種植物的所有特徵，如：顏色、花瓣形狀、花瓣數量、葉子形狀、根莖形狀、氣味等，這樣，她就能輕易的從花叢中將金盞花識別出來，維妮會嘗試著重複我的描述。有的時候我們還會對一棵樹或是一朵花在一天內進行重複描述。維妮在散步之後還會將學到的東西描述給她的父親聽。在這個過程中，維妮通常表現得很開心，每次描述完之後都會非常驕傲的仰著小腦袋，當然了，她的父親也會在她描述完畢之後給予鼓勵和讚美。

重複其實也是孩子的本能，是孩子進行多種發展的基礎，重複觀察事物能夠將事物的細微變化察覺出來，還能夠讓孩子對事物的認識更加深刻。重複不僅僅鍛鍊著孩子的記憶力，還加深著孩子的理解和感悟。

「調動感官」增強記憶法

無論是出於什麼目的，父母都不能以這樣或那樣的理由去強迫孩子進行記憶。一旦強迫記憶，孩子就會產生反向心理，結果會適得其反。

如果維妮能夠將整頁的文章背誦下來，我就會給她一些獎勵或是鼓勵。當然了，這些獎勵或鼓勵要真誠、自然，不能應付也不能太誇張。太誇張會讓孩子自以為是，如果不夠真誠就會讓孩子喪失背誦文章的興趣。即使維妮有時候無法記住一些東西，我也不會去責備她，因為孩子在很小的時候，辨別能力還不健全，可能只會對那些自己感興趣的東西產生深刻的記憶。比如：維妮在最開始記不住乘法口訣，當是後來她對數學產生了興趣，很樂於去記憶那些口訣，便很快記住了。

其實，不光是孩子，大人們也是一樣的。父母可以透過一些比較直觀、生動、具體的實物來吸引孩子的注意力，讓孩子在遊戲中記住各方面的知識。在記憶的調動過程中，要盡量讓孩子的多種感官都參與進去。父母要努力為孩子提供色彩鮮明、富有感染力、形象具體的東西來吸引孩子，充分發揮孩子的記憶主動性。可以用小卡片提問法，將一些文字性的東西編成兒歌、童謠、詩歌來幫助孩子進行記憶，將故事性的文字用故事演繹法來幫助孩子記憶、理解故事的內容等，這些都是

很不錯的幫助記憶的方法。

如果一個人有很強的記憶力，就會為他的智力活動提供更多的「能量」，記憶力不是天生的，可以透過後天的培養來加強，要提醒父母們，沒有不好的記憶力，只有沒訓練好的記憶力。

觀察力：觀察是認知的源泉

> 學習任何知識的最佳途徑是由自己去發現，因為這種發現理解最深、也最容易掌握其中的規律、性質和連繫。
>
> ——波利亞

觀察力是人獲得知識不可缺少的能力，也是很多科學實驗和科學發現的基礎，是人類進步的基本能力。達爾文說過：「其實，我既沒有突出的理解力，也沒有所謂的過人的智力，我只是在觀察那些稍縱即逝的事物，對其進行精心觀察方面的能力稍比別人強一點。」

觀察力：觀察是認知的源泉

孩子對從出生開始對周圍的事物就充滿了好奇，他會用小眼睛看這看那，用小手碰這碰那，會將周圍所能拿到的東西放到嘴裡……其實，這個過程就是在對各個方面的觀察力進行訓練。觀察力對孩子成長來說是非常重要的，所以，培養孩子的觀察力，是刻不容緩的。

維妮會走路以後，我會經常帶著她去散步，觀察周圍的花草樹木、河流、房屋、人物等，我們觀察房屋建築的線條、幾何圖形；或是觀察周圍陰暗不同、深淺不一的顏色。這些方法都為維妮的觀察能力和記憶力打下了基礎。

維妮對身邊色彩、圖形的觀察讓她感受到周圍事物的美，還讓她形成了敏銳的觀察力，建立了獨特的視覺感受力。而且這種善於觀察的習慣為她智力的發展和內在潛力的開發打下了基礎。

我們會到大自然中去觀察世界、認識世界，因為大自然中有很多可以觀察的素材。我們一起看破土而出的小草；摸摸飽滿飄香的穀穗；嘗嘗冰涼爽口的冰塊，透過對事物的觀察和對四季的感受來認識這個世界。維妮還有自己的小花園，在進行種植和養殖的過程中也能夠培養她的觀察能力。孩子天生對小花、小草、小動物有這強烈的興趣，會在種植花草和養殖動物的過程當中透過制訂觀察計畫、填寫觀察

記錄來完成不同時期的觀察結果。

觀察目的要明確

觀察能力要從生活中的點點滴滴培養起來，如果想要達到滿意的觀察效果，首先要有積極主動的觀察欲望。生活中，有些人會對有意思的人和事有強烈的興趣，有些人卻熟視無睹。在對孩子進行觀察能力的培養時，應幫助孩子確立觀察目的，否則孩子可能會顯現不知所措。

比如：當你和孩子一起看繪本的時候，孩子可能很喜歡書上鮮豔的圖片，但是往往沒有耐心進行細緻的觀察，總想著看第二篇是什麼，在這個時候，你就要細心的引導孩子的注意：花叢中有什麼，大的是什麼，房子裡面有什麼，這是什麼樹。

透過確立觀察的目的，讓孩子看到書中的每一個細節，其實，很多偉大的發現都是從細節上得來的，所以這種訓練的方法是非常有必要的。

我還會經常帶著維妮去動物園、商場、公園，參加一些音樂會、戲劇演出等，來豐富她的生活，開拓她的眼界和視野。在這個過程中，我會慢慢的給她灌輸觀察的方法，告訴她如何有順序、有層次、有角度、有目的地進行觀察，維妮的觀察力有了大大的提升。

「快快看」遊戲

維妮小的時候，我們經常玩「快快看」的遊戲。維妮很喜歡這種遊戲，既增強了她的觀察力，而且還激起了她的好勝心。

我用一隻手抓起幾根帶子放到她眼前晃一下，然後問她有幾根、什麼顏色，最開始速度要慢一些，但是會越來越快。到最後，眨眼之間就完成這個動作。這種循序漸進的方法讓維妮在瞬間準確的說出帶子的根數以及顏色。

這種遊戲的玩法很多，比如我會將一個帶有各種圖案的小花瓶放到她面前讓她觀察一分鐘，然後快速的收起，讓她說出上面的圖案、顏色；我還會將她帶到一個房間，讓她仔細觀察裡面的東西，三分鐘後將她帶出去，然後我將裡面的東西拿走一兩件或是放進一兩件，讓她說出房間的變化；我還會將棋子、豆子、堅果等隨意放到桌子上，讓維妮看一眼後說出數字；我表演各種動作後讓維妮和我做的一樣；我說一句話，讓她按照說話的內容、語調、表情進行重複，不能遺漏，這個訓練能夠提高維妮的觀察力和注意力。

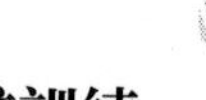

透過這些遊戲，小維妮擁有了非常強的觀察能力。在培養孩子觀察力的時候，一定要選擇那些能激起孩子興趣的現象或實物進行觀察，過程盡量豐富多彩一些，最好動態進行整個過程，調動孩子的全身各個器官和組織，效果會更好。

專注力：專注力強的人更容易成功

把所有的精力都集中在實現一定的目標上，除此之外，沒有什麼能讓你的人生充滿力量。

——尼杜・庫比恩

有位哲學家曾經說過：「具有專注力的人可以免於一切的困窘。」可見專注力的重要性。所以，我們要從小培養孩子的專注力。

維妮小的時候有很多興趣、愛好，但是卻並沒有因為這些興趣、愛好而影響到她在其他事情上的能力。很多人對此不解，維妮每天都要學習很多的東西，閱讀大量的書籍，還要了解很多國家的語言，在數學、歷史、文學、天文、地理、體育等方面表現得都非常出色。愛好太多，活動安排的也很緊密，如何能讓這些事情均衡發展呢？

維妮能夠將這些知識妥善的進行處理完全歸功於她從小養成的專心致志的習慣。維妮也是個孩子，也會有心急的時候，但是，她逐漸發現越是著急效率就會越低，沒辦法專心的做事，手頭的事情也做不好。在這個時候，我就會告訴她做事效率低就是因為她不夠專心，還會建議她在做每件事的時候將其他的事情拋開。比如：看書的時候就不要去想畫畫、彈琴；等到畫畫的時候也不要去想看書和彈琴的事情，要將當前所做的事情做好、做紮實。

故事提問法提高專注力

一直以來，我都會在維妮睡覺前為她講一些有趣的小故事，能夠幫助她在愉快的氣氛中進入睡眠。為了提高維妮的專注力，我採用了故事提問法，我會盡量提一些有關故事細節的問題，這樣維妮在聽故事的時候就會更加專注。有的時候我們會一起讀一個故事，故事結束後就相互提問。如果她在聽故事的時候不夠專心，那麼就很難回答出問題的答案，這種方法能夠抑制她分心。如果她聽故事的時候足夠專

心，那麼就很容易回答出我的問題，我會用溫柔的話語來對她進行讚揚，她就很喜歡這種遊戲了。透過這種訓練，維妮長大之後在聆聽和閱讀方面都比其他的孩子專注。而且，無論做什麼事情，都不會半途而廢。

遊戲限時法提高專注力

很多父母都希望自己的孩子能在他們喜歡的領域上有所成就，那麼，必須對孩子的專注力進行訓練，只有專注力比較強的人做事才更有深度，更容易成功。根據我的經驗，對孩子進行專注力的培養和訓練最好透過遊戲的方式，還要幫助孩子養成「時間計畫」的習慣。對於每種遊戲的進行都要有時間的限制，在這個時間內不能夠想其他的事情，看書、做事也是如此。在讀書、堆積木、拼圖、撿豆子、串珠等過程中都能夠培養孩子的專注力。

隨著維妮一天天的長大，我經常會想她將來會從事什麼行業、會對哪一項保持最久遠的恆心並最終成為她的事業。

很多的孩子做事沒有恆心，經常半途而廢，遇到困難就會找媽媽，或者放棄，沒有堅持不懈的習慣，或者取得一點小的成就就滿足了，都是很難成大事的。孩子無論做什麼事情，都要讓他負責任、懂得計畫。很多的父母都願意讓自己的孩子和維妮一起遊戲，因為他們知道維妮是個有「長進」的孩子，他們也希望自己的孩子能夠像維妮一樣做事堅持到底。

我也經常鼓勵孩子與有毅力的人接觸，遠離那些意志消沉的人。父母可以採取一些措施來對孩子的意志力進行有針對性的鍛鍊。可以指導孩子繪畫、彈琴、解亂繩結、下棋等，都能夠幫助孩子培養耐心和韌性。除此之外，還要幫助孩子學會對自己的情緒進行調控，教育孩子做事要善始善終、腳踏實的。一件事可能一次做不成，那就一點一分、一步一個腳印的去做，積少成多。父母還要培養孩子堅持體能鍛鍊，不僅能夠增強孩子的體質，還能夠磨練他們的意志，培養他們的毅力。

這些素養能夠讓孩子成為真正的強者和勇者，有主宰自己命運的能力。孩子們的專注力的培養是個漫長的過程，在這個過程中需要滲入父母的耐心和恆心，在影響孩子的同時指導孩子。

想像力：科技進步的源泉

想像力比知識更重要，因為知識是有限的，而想像力概括著世界上的一切，推動著進步，並且是知識進化的源泉。

——愛因斯坦

沒有想像力，就無法談及創造。在前面我說了那麼多創造力的重要性以及如何培養創造力，可是這一切都要以想像力為基礎。沒有想像力，世界就不能進步，現實生活中的一切就會索然無味，想像力支配著整個世界，影響著整個世界的發展。

孩子們在還沒有被模式化、同質化的時候想像力是非常豐富的。往往那些思維活躍的孩子就會被稱讚為聰明、反應靈敏的孩子。有了想像力，普通的事物就會被美化；有了想像力面對苦難的時候就會有希望。不要拋棄孩子的想像力，也不要將聖誕老人、小仙女、小女巫從孩子的大腦中趕走；不要認為浪漫的傳說和童話會對孩子的成長不利等。因為這些傳說、童話、仙女能夠讓孩子的品德更加美好，當他們遇到不幸、陷入困境的時候就會發揮他們的想像力，依然能夠感受到幸福，幫助

想像力：科技進步的源泉

他們擺脫困境。對於孩子來說，擁有想像力要比擁有任何金錢和物質上的東西重要得多。

如果孩子的生活中沒有絲毫童話色彩，孩子本身沒有任何想像力，我認為這個孩子是很不幸的，他的生活會少了很多的樂趣，變得索然無味、缺乏希望。

在維妮生病的時候，我就會讓她想一些美好的事情，告訴她這些事情能讓她的病快點好起來。或者是鼓勵她看一些書、美麗的圖片，幫助她從糟糕的心情中走出來。有些人認為想像力就是讓人逃避現實的做法，但是，在我看來，無論使用什麼方法，只要能讓自己從不快的心境中走出來就是實用的方法。

孩子的想像力如果在幼兒時期被遏制了，是非常可怕的，很難感受到生活中的幸福。一個沒有想像力的人是不能成為詩人、文學家、小說家、藝術家、建築家、化學家或是法學家的。任何有創造性的活動都是離不開想像力的。萊特兄弟發明飛機、馬可尼發明無線電、愛迪生發明燈泡等都是透過想像力完成的。沒有想像力的人在做任何事的時候都要以現實為基準，那麼就會被現實中的條條框框所限制，沒有自己發展的餘地。這樣的人做事沒有創意、沒有突出的地方，最多也就是個平庸之輩。

表演發展想像力

孩子可以透過表演兒歌或神話傳說、童話故事來盡情的發揮自己的想像力。我們應當在孩子進行戲劇表演的時候給他們自由發揮的空間，不要用任何死板的東西來限制他們的想像力。角色可以重新詮釋，故事也可以改編。

童話對孩子來說是非常有吸引力的，它能夠讓孩子們在獲取知識點的同時形成良好的品格。引導孩子將童話故事中的情節演繹出來是非常有趣的。這種方法能夠幫助孩子對故事進行更加深刻的理解，同時開發孩子的創造力、想像力。但是要注意，進行遊戲時，要選擇那些內容健康、生動、語言優美、易於表演的故事，比如《安徒生童話》、《格林童話》中的故事。在表演的時候，盡量讓孩子自己去安排整個過程，包括道具的製作、角色的分配等，這些過程對於孩子想像力和創造力的開發都是非常有益的。當然了，表演的環境也要盡量自由、舒適一些。

有一次，我和維妮表演《賣火柴的小女孩》，我扮演的是賣火柴的小女孩，維妮客串其他的角色。我扮演的小女孩就像劇本中那樣在寒冷的夜晚被凍死了，維妮卻忍不住大聲哭了起來。後來，她根據自己的想像力，將故事的結尾改編了，結局是小女孩的奶奶並沒有去世，只是去鄉下了，最後，小女孩和奶奶快快樂樂的生活在一起了，經過改編後，維妮的心情好多了。

這種劇本改編的方法給維妮和其他小朋友帶來了很多樂趣，而且還豐富了孩子們的想像力。我們在表演的時候，不會拘泥於背景的問題，能夠更好的發揮維妮的想像力。

激發想像力的方法有很多

除了戲劇表演的方法，還有很多方法能夠激發孩子的想像力。我和女兒各自教了一位想像中的朋友，女兒的朋友叫皮亞，是個英國女孩；我的朋友叫拉里，是個印度女孩。當我們住在郊區的時候，就會請出這兩位想像中的朋友。即使是維妮一個人，她也不會覺得空虛無聊，這樣的想像力幫助維妮形成了樂觀、積極的性格。

我們可以透過藝術來激發孩子的想像力，多參觀一些博物館和藝術畫廊；可以將孩子帶到動物園，給孩子講一些書籍上記載的有關動物的童話，透過童話來提升孩子們的想像力；還可以透過天文望遠鏡開發孩子的想像力，透過望遠鏡教孩子識別星星，並給孩子講一些希臘、羅馬等關於行星和恆星的神話……

神話和童話能夠引起孩子們遐想。父母可以給孩子講一個故事的一部分，然後

讓孩子來接這個故事，自己去想像故事的發展和結局，給孩子留下想像的空間；也可以將虛幻和現實的結合在一起提出一些問題讓孩子來解答，孩子在思考的過程中就會激發他們的想像力；也可以將孩子編入故事當中，讓孩子想像著自己在故事中的命運；在父母講完故事之後，要鼓勵孩子對故事進行複述，從而激發孩子的記憶力。

創造力：世界千變萬化的源頭

> 毫無疑問，創造力是最重要的人力資源。沒有創造力，就沒有進步，我們就會永遠重複同樣的模式。
>
> ——愛德華．波諾

創造力是非常妙不可言的東西，世界的萬千變化與創造力的關係是非常密切的。孩子有著無盡的想像力和創造力，需要我們去開發和培訓。

遊戲對於創造力的開發意義重大

遊戲是所有孩子成長過程中的必需品，也是孩子健康成長的動力源。沒有遊戲活動，孩子的想像力和創造力的發展就會受到阻礙，不能讓孩子健康的成長。孩子透過遊戲過程中的探索、合作、融合等過程，鍛鍊了創造力、觀察力和記憶力等。沒有遊戲，創造力就很難被激發出來。

我和維妮經常用紙、布來製作各種東西，還會根據童話故事中的描述創造動物或神的造型；或是用一些碎布拼圖，這類遊戲對於小維妮的創造力的發展是大有益處的。只要孩子動腦筋，就能夠做出很多種類的東西來。

前面我也提到，維妮會做很多的DIY，這些手作也讓維妮的創新能力有了進一步的提高。因為在她做手作的時候我往往會給她一兩個樣本，但是她卻能做出一些新的東西來，不但訓練了她的動手做能力，而且在創新的過程中提高了她的創造力。她的玩偶身上的衣服都是她自己造型、自己裁剪、自己縫製的。

我認為，小孩子的玩具不能太完美，太完美的東西會讓他們懶於去想像、去創造，而殘缺的玩具就會讓孩子們盡情的去構思、補充、完善，然後去創造。玩具起

的應當是引導作用而不僅僅是個擺設或者玩物。我經常會給維妮一些缺損的玩具，而且，還會讓她自己動手做一些玩具。

孩子們經常會玩「假裝是」一類的遊戲，在這個過程中，他們會自由的使用玩具，給玩具變幻角色，創造一些新玩法。遊戲的過程中，孩子的思維是不停轉動、不斷創造的，這樣的遊戲才有意義。

看故事書的時候，還在可以進行一些喜劇表演。在這個過程中，孩子們會充分發揮他們的想像力和創造力，用自己的理解方式進行裝扮和角色的演繹，體會人物的感情色彩。孩子們還喜歡玩木匠遊戲，在遊戲的過程中，用木匠工具鉋子、鋸子、斧頭等做家具，有時會做出三條腿的桌子，有時會做出長翅膀的椅子等。

像堆雪人、搭帳篷、玩輕黏土、摺紙、拼圖、泥塑遊戲等都能鍛鍊孩子的創造力。男孩子喜歡將東西反覆拆裝；而女孩子喜歡做一些手工。很多家長會對孩子的這些行為進行制止，其實孩子們只是想了解這個世界、探索這個世界，不要輕易的對孩子的探索進行責備或否定，會影響孩子的興趣，損害孩子的創造力，摧殘孩子的好奇心。遊戲能夠幫助孩子變得更有創造性，所以，要讓孩子自由玩樂、自由遊戲。

身為父母，不能僅僅給孩子提供玩具，還要為孩子設立一個能夠隨意創作、盡情玩樂的遊戲場所，為他們提供一個安全、自由的環境，讓孩子自由的去探索、研究那些他們好奇的事物。

要回答孩子的「為什麼」

《百科全書》是孩子們進行學習的工具，也可以成為我們回答孩子「為什麼」的工具。孩子對這個世界充滿了好奇，遇到不懂的事情就想去弄明白其中的奧祕，好奇心讓他們的問題越來越多，從而引發出更多的創造力。

在維妮剛剛學會說話的時候經常會問問這是為什麼，那是為什麼，有些時候面對這些問題我也會表現得不知所措，我們會一起透過《百科全書》來尋找答案。在這個過程中，我們會一同進行思考，尋求未知的東西。孩子的世界中總是充滿了想像力和創造力，問題的答案往往會超出邏輯的範圍。

每個孩子都是幻想家和創造家。孩子會有很多問題，會透過問「為什麼」來認識世界。有時候孩子的問題可能會很離譜，而且對於所給予的簡單的答覆表現出不滿，其實這就是孩子創造潛力的發揮。

父母對於孩子創造力的開發起主導作用

我認為，家的感覺對於孩子創造力的培養來說是非常重要的，如果父母的心胸豁達、觀念通達，那麼他們對於孩子的奇思妙想和失敗就會表現得很寬容。這種父母很民主、慈愛、懂得包容與讚美，是孩子創造力的最好動力。父母應當與孩子一起學習、一起成長，對孩子要有耐心，明白孩子的內心想法，知道什麼時候該鼓勵、什麼時候該幫助，不能嘲笑、命令孩子，也不能給孩子帶來壓抑的氛圍。孩子的創造力是在活潑、歡樂的氣氛中產生的。

我們努力為維妮創造和諧的家庭氛圍，並且尊重她、信任她、鼓勵她，很多事情都讓她自己做主，這樣對於開發維妮的創造力來說是非常有好處的。孩子在充滿信心的時候會盡情施展自己的創造能力。

母親可以陪著孩子編故事，將以前的故事翻新；還可以和孩子剪紙，讓孩子的思維快速的飛躍，剪出與眾不同的東西來。

我還會和維妮一同玩女巫遊戲，我會選擇室內的一件物品，記在心裡然後向維妮描述出它的顏色、形狀等特徵，讓她迅速的猜出它是什麼。這些父母和孩子一起進行的遊戲對於開發孩子的創造力是非常有益的。

第六篇　學齡期的社交訓練

剛剛步入學校的孩子，可能會不太習慣周圍的喧囂，往往會有膽怯的表現，很多孩子的孤僻性格就是在這個時期形成的。在這個時期，對孩子的社交能力、表達能力、合作能力需要進行全方面的培養，讓孩子有很好的社會適應力。

社交能力：讓孩子不再膽怯，積極成長

一個成功的管理者，專業知識所發揮的作用是百分之十五，而社交能力占百分之八十五。

——卡內基

一個人的社交能力決定著他日後的生活是否順利，所以，培養孩子的社交能力是非常必要的。孩子什麼時候開始展現自己的社交能力呢？當你對孩子進行撫摸，孩子傾聽你的聲音或是看你的時候，都是一種社交的過程，父母就是孩子最初的社交對象。你要幫助孩子讓他與周圍的人溝通、交流、玩樂，並且喜歡與周圍的人在一起，這就是孩子社交技能的發展。

父母是孩子的社交榜樣

孩子與父母形成什麼樣的關係對日後孩子和其他人的交往以及關係的影響是非常大的。如果我們想要讓孩子禮貌待人，就要對孩子彬彬有禮，用禮貌的言語和孩子交流；如果我們希望孩子尊重別人，就要對孩子持尊重的態度。你怎麼對孩子，孩子就會怎樣對待這個世界。我會用實際行動來向維妮展示社交禮節，比如問候語、握手、謙讓、分手再見等。要從自己的一言一行上去影響孩子，給孩子樹立榜樣。維妮在很小的時候就會買東西，並且在這個過程中透過交流鍛鍊了與人溝通的技巧，發展了她的社交能力。

對於維妮不喜歡的事情，我從來都不強迫她去做，盡量給她自由，尊重她。維妮也學會了這樣的社交準則。她的社交活動非常多，與各種小朋友進行玩樂。她的社交能力為她的生活增添了不少色彩。她和朋友們玩樂的時候，總能成為朋友的最好玩伴，因為她從來不會去干涉其他朋友的自由，並且尊重他們。

讓孩子展現社交能力

培養孩子良好的社交能力對於孩子智力的發展、健康的成長來說都非常重要。維妮是「少年慰問團」的會員，這個組織的目的是將自己做的玩具和花束送給生病的孩子。維妮還參加了「爭取匹茲堡少年平等參政問題」的組織……在這些活動中，維妮都表現出了很好的社交能力。

維妮曾經是「美國少年和平促進會」協會會長，「美國少年和平促進會」是增加各國少年友誼、克服種族偏見、促進世界和平的協會。這個協會的很多成員同時和一位以上的異國少年保持通訊。這個協會每月會開一次例會，內容是孩子之間交流與外國朋友交流的內容。孩子們會朗讀這些外國朋友的來信，還會透過幻燈片來介紹這些國家的風土人情。維妮的社交能力廣泛，收穫很多，其中最珍貴的就是一位少年在一張大而漂亮的信紙上用五千句世界語寫成的詩歌。

這麼多的活動，讓維妮變得非常忙碌，但是在這樣的環境下，維妮的進步很快，讓她真正走向了社會，這是孩子多項能力發展的結果。廣泛的社交能力讓維妮學會了不少知識，而且讓她體會到了交往和樂於助人的快樂。

模仿「公主的禮儀」來學習社交規則

孩子都喜歡模仿，尤其是戲劇或電影裡面的人物，紐約有專門的兒童劇場，我認為這種劇場對於孩子來說是非常受益的，應當多建一些。

有一次，我和維妮去看《國王和他的女兒》的兒童劇，內容是國王聰明的女兒捉弄那些阿諛奉承的大臣的故事。回到家後我就和維妮表演戲中的一個情節，維妮扮演公主，而我扮演貪婪無知的大臣，維妮昂首挺胸，一副很神奇的樣子將公主的角色扮演得唯妙唯肖。

從那以後，這樣的表演便繼續下來，而維妮也透過模仿公主的遊戲學到了很好的禮儀。維妮很多待人接物的方式都是從戲劇的模仿中學到的。

男孩女孩一起玩

有人反對讓男孩女孩一起玩，認為這樣對孩子的發展不利，但我認為，男孩女孩一起玩可以互相學習。男孩可以從女孩身上學會禮貌，女孩可以從男孩身上學會勇敢。女孩的想像力比男孩豐富，而男孩的理解能力又高於女孩，他們一起玩樂能夠達到性格上的互補，還能夠相互學習。

愛默生說：「如果世界上只有兩人，不到一天，其中一個必是主人，另一個則會淪為僕人。」兩個孩子總是一起玩，就很容易產生不良的關係，會破壞掉孩子們純真的友誼，所以我從來不讓維妮和某個固定的小朋友玩。我經常會鼓勵孩子們在戶外一起玩，很多孩子聚集在一起就形成了一個小社會。維妮會在和不同年齡、不同性格的小朋友進行玩樂、交往時就學會了禮儀、分享、合作、和其他技能，社交能力

要在不斷的嘗試中去體會它的精華所在。

尊重孩子的交往方式

要將孩子當成我們的同儕來看待，懂得去尊重他們。我們都知道，在小獅子打鬧的時候，牠的爸爸媽媽就會懶懶的躺在一邊，不去干涉。因為他們懂得，如果自己憑藉自己的力量去干涉孩子們的打鬧、替孩子解決問題、阻止糾紛，就會阻礙幼獅生存技巧的開發。換成人類也是一樣，如果孩子們發生了糾紛，要盡量讓孩子自己去解決，一定不要動用自己的力量去干涉孩子，懂得去尊重他們。我們可以告訴他們「輪流」、「等待」等規則。比如：大家要輪流盪秋千、玩玩具；我們還教他們「分享」、「給予」，在讓孩子與他人分享的時候一定要徵求孩子的同意，不能擅做主張分享孩子的東西，如果孩子不同意，就要尊重孩子的意願並且告訴另一方「很抱歉，他不同意」。如果孩子想要用自己的方式與人交往，我們也要尊重。

表達能力：讓孩子習慣真實的表達內心的想法

語言是賜與人類表達思想的工具。

——莫里哀

父母要重視孩子表達能力的鍛鍊

孩子在兒童時期的時候，語言的發展很關鍵，但是這時候父母往往會忽視掉孩子的語言表達能力，甚至會說「大人說話，小孩子不要插嘴」，或是說「你怎麼總是喋喋不休呢」，這樣的語言對傷害到孩子的自尊，等到他稍大一些，就會懶於表達，將想法埋在心底，對孩子的心理健康發展會有一定的負面影響。

現今，很多家長只是讓孩子抱著冰冷的玩具、電視、電腦、手機、平板，很少去和他們交流，只是讓孩子和這些東西進行交流，我們不再有時間給孩子講故事，不再和孩子說順口溜、繞口令，也不和他們說貼心的話。如果出席成人的社交場合就會將孩子放到一邊，他們長期這樣不與外界交流，就會欠缺表達能力。

其實，只要你不在工作區，就可以帶著孩子參與大人們社交的場合，讓孩子嘗試著與周圍人進行交流，經常鼓勵孩子說出自己內心的想法和一天的經歷。

父母還要將孩子所流露出的情感和語言表達矛盾處理好，如果孩子平時講話很好一看到父母就嗲聲嗲氣的說話就要及時的糾正，並且明確的告訴他要將事情清清楚楚的複述出來。在和孩子進行交流的時候，盡量用那些富有啟發性的語言，不要只讓孩子說「對」與「錯」，這會讓孩子的思想出現局限性，不利於孩子語言的流暢。

孩子平時的表達能力如果比較差，就需要父母多費一些心思來對孩子的語言能力進行提高，在孩子對你進行發問的時候，無論你多麼忙，都要及時的解釋給他聽；即使你不知道如何回答孩子的問題，也要坦誠的和他解釋說：「很抱歉，這個問題我也不清楚。」不能粗暴的拒絕孩子，否則的話，孩子就會失去發問的勇氣。

父母要經常和孩子進行融洽的交談，和孩子保持平視的姿勢，表現出對孩子的尊重。不能俯視孩子。而且，你要當個好聽眾，不能夠打斷他說話，這樣有助於增進孩子和父母之間的關係，同時還有助於提高孩子的表達能力和專心傾聽別人說話的好習慣。

孩子在說話的時候，父母要時刻注意他說的話是否完整，要不斷提高詞彙的概括水準，可以讓孩子透過打電話、背誦、朗讀等方式來鍛鍊孩子的表達能力和語感。並且用繞口令來提訓練孩子的發音和正音，並及時糾正孩子在訓練過程中出現的錯誤。

透過遊戲來鍛鍊孩子的表達能力

透過角色扮演遊戲和演講遊戲都能夠培養孩子的表達能力。「玩」是孩子的天性，透過遊戲來鍛鍊孩子的表達能力是很不錯的方法。我們可以為孩子創造各種孩子感興趣的環境進行人物模仿、特長展示、問路、購物等遊戲，透過才藝表演來增進孩子的自信心，減少孩子對外界環境的抵觸。「講故事」也是很不錯的鍛鍊孩子表達能力的方法，在這個過程中，孩子會透過自己的語言將故事的內容向周圍的小朋友展示出來。

可以為孩子搭建一個小舞台，讓孩子在舞台上進行各種表演，舞台的真實性越強越能讓孩子體會那種現實感。如果孩子表現得很出色，要及時的鼓掌對孩子進行鼓勵。維妮就進行過這樣的表演，有時候，她還會走下台來和「觀眾」握手，表演結束後還會行謝禮、閉幕，就好像在真正的舞台上一樣。

要鼓勵孩子和其他小朋友一起遊戲，不僅能夠結識朋友，還能透過遊戲中的糾紛、合作、互相幫助來學習與人相處的方法，還會增加孩子參與活動的積極性。

旅途的表達能力的訓練

除了講故事的方法，父母可以讓孩子將故事進行複述或是將故事留個小尾巴讓孩子來編出結尾，總之，就是要讓孩子多開口說話，讓他們將自己內心的想法、感受用準確的語言表達出來。

我會經常帶著小維妮去散步、旅遊、接觸大自然，在這個過程中，我們會透過接觸一些事物來鍛鍊她的表達能力。比如：我們經常會去海邊玩，我就會讓維妮透過「聽」、「看」、「觸」來對大海的顏色、海浪等進行觀察，然後用準確的英語描述出來。她就會說：浪花像雪一樣白、轟隆隆的波濤聲、金色的海岸、蔚藍的大海等。在孩子描述這些細節的時候，就是對他的表達能力的鍛鍊，但是首先，父母自己要有基本的知識技能，否則的話，這種透過旅行來進行的訓練是不會起什麼作用的。這種方法不光鍛鍊孩子的口語表達能力，還能夠培養孩子的觀察能力和書面表達能力，幫助孩子用更加精準的語言將自己內心的想法表達出來。

分享能力：分享讓世界更美麗

要永遠覺得祖國的土地穩固的在你腳下，要與集體一起生活，要記住，是集體教育了你。哪一天你若和集體脫離，那便是末路的開始。

——奧斯特洛夫斯基

在這個世界上，有很多的人，雖然讀了很多的書，卻並不懂得如何去應用。在為孩子灌輸書本上知識的時候，也要為他們灌輸一些有關於融入團體、助人為樂的知識，這樣他們才能在這個社會上充實、快樂的生活下去。

告訴孩子要與人分享、樂於助人

在這一點上，小維妮就做得很好，她非常樂意去和別人分享她所擁有的一切。維妮從五歲開始就給小朋友們上課，很認真的承擔著自己身為老師的責任，願意將自己知道的一切告訴其他人。而且還發揮自己的想像力發明了很多的屬性遊戲，幫助其他小朋友獲得數學知識。

我會經常讓維妮和我一起做些手作送給孤兒院或孤寡老人。我希望維妮從小就具有無私的品格，但是我從來沒有強迫或命令她去奉獻過什麼，她自發的將慷慨和慈悲當成自己的義務。維妮從小就希望賺很多的錢，她認為這樣可以讓那些沒有衣服、沒有玩具的孩子在得到厚實的衣服和漂亮的玩具時感到幸福。她曾試圖自己建一個「玩具基金」，我鼓勵她這樣做，她和其他小朋友進行了義演，並且舉行了募捐，還為這個美麗、偉大的事業寫了一篇感人的演講詞。

我為維妮的舉動和演講詞所感動，為有這樣的女兒而驕傲，生活中的很多父母，意識不到奉獻的真諦，也沒有體會過助人為樂的快樂，他們的孩子自私、吝嗇，只知道索取……但是這些父母卻對此無動於衷，如果想讓這個世界充滿愛，先教育我們的孩子樂於助人、與人分享吧。

謙讓是分享的最初表現形式

有一次，維妮有一個叫特里的朋友，他是維妮最好的異性夥伴。特里五歲的時候第一次來我家拜訪，他在分享零食的時候表現得彬彬有禮，而且很有紳士風度，總是讓維妮先挑選。即使我對他說他是客人，可以先挑，但他仍舊笑眯眯的將權力讓給維妮，而維妮很容易吃到了自己喜歡的巧克力小熊餅乾。特里的表現讓我很感興趣，他的媽媽一定很優秀。為了引起維妮的注意，我對特里的謙讓和禮貌進行了讚揚。特里卻說：「零食是女孩子的特權，如果維妮是個男孩子，我相信，她也會像我這樣做。」特里走後，維妮很認真的像我道歉，雖然我並沒有責備她，也沒有流露出任何不滿的情緒，但是特里的行為讓她意識到自己做的不夠好。我堅定的告訴她：「媽媽知道你以後一定會像特里那樣做的，是不是？」

透過這件事，維妮學會了為他人著想，並且學會了分享更深層次的含義，從那以後，她再也不會將手第一個伸到零食的盒子中。只明白零食的謙讓是遠遠不夠的，還要懂得互相體諒。凡事要為他人考慮，如果孩子在分享的時候，能夠先想到別人，保持禮讓的風度，那麼這個孩子一定會非常討人喜歡，更容易融合到團體中去，從思想上要比其他孩子成熟一個階層。

培養分享能力的意義在於獲得快樂

分享不僅是孩子的事，父母可以要求孩子與自己分享，如果孩子連自己最親密的人都不願意分享，和別人就更不能進行分享了，家庭是培養孩子分享能力的重要

場合。我就會和維妮分享很多東西，也會接受她的一些幫助，並且尊重她所給予我的建議，分享她給我做的食物以及她的思想。

但是，要注意，不要強迫孩子分享自己心愛的東西，孩子可能非常樂意和他人分享很多東西，但不一定是他心愛的。不分享心愛的東西並不會對他的分享能力的培養產生什麼負面影響。也不要因為孩子不願分享而加以斥責，這對於孩子來說是非常痛苦的，會讓孩子對「分享」感到恐懼。

也不要打消孩子分享的快樂，有些母親喜歡逗弄孩子，讓會說，讓媽媽吃一口，當孩子將食物放到她嘴邊時，她又不吃了。這種對孩子不經意間的拒絕會扼殺孩子分享的快樂。這類父母本身還沒有明白分享的意義所在，只是將分享當成一種必要的培訓或是要做的事情來看待。

分享的意義就是能帶給人快樂，孩子在這個過程中能夠體會到那種被別人接受的快樂。不過不要一開始就迫切的讓孩子接受與他人分享，要循序漸進的培養這種能力。當孩子從心底裡感受到分享能夠帶給別人快樂時就會因為他人的快樂而感到滿足，從而獲得快樂，只有在真正懂得分享的意義的時候，才會主動的進行分享，從分享中獲得快樂。

合作能力：讓孩子更快的適應社會和團體

不管努力的目標是什麼，不管他做什麼，他單槍匹馬總是沒有力量的。合群永遠是一切善良思想的人的最高需要。

——歌德

現代社會，競爭日趨激烈，在很多方面都涉及到人與人的合作關係。競爭與合作並不是矛盾體，如果缺乏與他人的合作精神和合作能力，不僅不能在事業上有所進步，而且連基本的適應社會的能力都會消失。

所以，要注意培養孩子的合作能力，這是教育中必不可少的一項內容，可以透過孩子們進行遊戲的過程來培養孩子的合作能力，激發孩子的興趣和好奇心，讓孩子覺得與人合作是一件快樂的事情。

在合作的過程中，能夠培養孩子的品格、愛心。很多孩子由於父母的溺愛、嬌生慣養而處處以自我為中心、任性，甚至會攻擊其他小朋友。這樣的孩子通常不願與其他小朋友遊戲，長大後也很難和別人合作。如果孩子在遊戲的過程中出現糾

紛，家長最好不要主動參與，要讓孩子們自己嘗試著去解決，家長只是達到輔助孩子解決問題的作用。

讓孩子學會接受別人

這裡所說的接受，就是要孩子從心裡願意接受他人。家長經常給孩子灌輸合作的思想，告訴孩子每個人都有值得去學習的地方，不能只是由著自己的性子來，與人合作的過程是快樂的、幸福的。家長要教育孩子善於發現別人的長處，並且誠心誠意的讚美別人。家長也要達到榜樣的作用，在日常的生活中注意自己對人對己的態度。

教孩子學會分享

如果孩子在每件事上都斤斤計較、自私自利，是很難與人相處的，更談不上合作了。所以，家長要培養孩子的分享能力。在前面我們也提到了分享能力的重要性，分享的目的就是讓孩子體會合作的快樂。有些家長喜歡將自己的孩子和別人的孩子比較，經常會說：「為什麼你不像鄰居家的小女孩學習那麼好？」這種比較會傷到孩子的自尊心，很可能會終止孩子與這個小朋友的合作關係。所以，父母在進行教導孩子分享時要講求方式方法。

讓孩子多參加團體活動團體活動

家長可以組織孩子們一起做各種各樣的遊戲。比如：可以讓孩子一起堆積木、拼圖，鼓勵孩子參與各種合作意識比較強的體育活動，如足球、籃球、排球、棒球、跳繩等。在活動的進行過程中，能夠增強孩子的體質、競爭意識和合作能力，有利於培養孩子們的合作精神。

合作能力在當今社會是一個人最重要的素養之一。所以注重培養孩子的合作能力是我們早期教育中必不可的一項內容。對孩子今後能否取得成功的意義是很大的。

激發孩子的興趣，培養合作意識

興趣能夠引導孩子探索學習的欲望，好的興趣能夠讓孩子輕鬆的完成任務，幫助孩子克服不良的心理，大膽的和其他小朋友進行合作。比如：角色扮演遊戲就是很好的幫助孩子體會合作樂趣的一種方式，孩子們在扮演角色的過程中，既熟悉了

書本上的知識，又在分工的過程中體會到了合作的重要性，他們會在遊戲的過程中明白這些角色是缺一不可的。

培養孩子的良好品德

想要培養孩子的合作能力，首先要培養孩子的良好品德。要讓孩子懂得關心他人、幫助他人、團結友愛。如果父母一味的嬌慣、溺愛孩子，就會讓孩子形成自私、任性、專橫跋扈、以自我為中心等不良的性格。這些性格會讓孩子不願與人相處、合作，或是根本無法與人合作。這就是父母對孩子的教育不當導致的。很多父母會灌輸給孩子逞強、霸道的思想，讓孩子與其他小朋友合作的時候不友善，這樣的孩子是不受歡迎的。如果發現自己的孩子有這方面的問題，要及時制止，與孩子進行溝通，教育孩子和其他小朋友合作的時候要有謙讓、寬容、友善的品格。避免孩子與人相處時出現不必要的衝突。在合作中健康、順利的成長。

培養孩子在合作過程中解決衝突的能力

父母溺愛孩子，就會讓孩子的很多方面的能力出現下降的現象。在遊戲的過程中，如果孩子們的衝突不能得到好的解決，就會對孩子的心靈產生一定的負面影響。當然了，父母、老師不可能一直陪在孩子身邊幫孩子解決問題，還要培養孩子自己解決衝突的能力，這樣才能從根本上幫助孩子提高合作的能力。可以透過商討的方法來解決辦法，選擇大家都樂於接受的方法去解決問題，透過協商來學會謙讓、諒解。或是透過文學作品來豐富孩子們的思想、提高孩子們的品格，告訴孩子們如何去解決問題以及合作技能等。使孩子獲得與人合作時解決問題的經驗和能力，為以後的合作奠定良好的基礎。

讓孩子體會到與人合作的快樂

如果孩子在合作的過程中能夠體會到快樂，就會繼續產生合作的需要，並且會出現積極的與人合作的態度，合作也會更加愉快。可以鼓勵孩子與人合作，將合作的成果予以公布、讚揚。孩子會在這種激勵的過程中提高自己的合作欲望。家長和老師對孩子的評價對於孩子的身心發展來說是很重要的。

第七篇　學齡期的成長

剛進入學校的孩子受學校和母親對孩子的影響是最大的，在這個階段，孩子很容易學到知識，也很容易受到周圍不良因素的影響，這就需要母親作為榜樣來引導孩子，同時也需要學校為孩子提供一個良好的知識殿堂。

母親：賦予孩子生命同時影響孩子一生

沒有不可教的孩子，只有不用心的老師。

——洪蘭

榜樣的力量是無窮的，對於孩子來說，母親則是最好的榜樣，沒什麼能夠像母愛一樣幫助孩子形成好的習慣。如果將孩子比作小樹，那麼母親就是樹的修理師，沒有這個修理師，樹苗就不能夠茁壯的成長。柏拉圖曾說過：「人的一生，最開始的部分也是最重要的部分，特別是在稚嫩的小孩身上。因為在一開始，他們對什麼都沒有印象，大腦是一片空白，我們的習慣和思維很容易影響到他們。」

換句話說，如果父母想要讓孩子健康快樂的成長，長大以後成為優秀、傑出的人才，具有誠實、守信的品格，那麼就要從一言一行上為孩子做榜樣。

在我熟悉的人當中，有一位性格恬靜、優秀的母親，她喜歡靜謐的環境，表現得安靜、文雅，而且她的言行深深的影響到了自己的女兒。

有一次她來我家做客，看到當其他的孩子在後院大吵大嚷、玩得很開心時，她的女兒卻非常安靜的坐在那。其實，她這樣做並不是在排斥朋友們，安靜的坐在那其實就是她參與遊戲的方式。這讓我深深的感受到了母親對孩子的影響有多深。一不小心就會讓孩子成為母親的「複製品」，這是每位母親的在教育上應該注意的問題。

認識到了這一點，在生下小維妮之後，我便嚴格要求自己的行為舉止、一言一行。從行走到著裝，從禮儀到習慣，我都盡量做到完美，用來維護我身為母親的榜樣形象。哪怕是讀書、吃飯這些小事，我也會注意到。

因為很多時候很多事對孩子來說是無形的、潛移默化的，可能你覺得沒有什麼，用手直接來拿食物，那麼孩子看到了也會這樣做，就會讓孩子形成不衛生的習慣。母親可能會在以下幾個方面影響到孩子：

母親健康孩子才會健康

一個合格的母親，會在孩子出生前甚至在孕育生命前就保持自己的身體健康。雖然那時候母親還不能看到自己的孩子，但是卻要為即將誕生的生命負責。醫學專家告訴我們，孩子的健康在很大程度上取決於母親，而母親的飲食要科學、講究一

些，她吃下的食物直接決定孩子是否健康。

在孩子出生後要規範自己的飲食習慣和作息習慣，並且經常鍛鍊身體，外出活動，這樣母親的身體健康才能有保障。孩子就會學著母親的行為來規範自己的生活，身體健康自然就提升了。等到孩子進入學齡期，即使沒有母親的感染也能夠將自己的生活健康化。

學習習慣

每個母親都希望自己的孩子愛學習、愛讀書，為了做到這一點，很多母親都付出了努力，我當然也不例外。在維妮兩三個月大時，我便開始讀書。每次她吃飽躺在那的時候，我就會隨手拿一本童話或希臘神話故事來帶著感情的進行朗讀。當她再大一些時，為了讓她對讀書感興趣，我就會有意識的拿本書在她面前讀。時間久了，看到我坐在書桌前讀書，她也會找一本童話書，坐到我身邊，有模有樣的看起來。

母親的品格

每位母親都希望自己的孩子身上具有堅強勇敢、樂觀向上的品格。在維妮快三歲時，我經歷了一次手術，術後很長一段時間都出現了傷口作痛的現象，雖然這種疼痛對於我來說是很難忍受的，但是我不希望孩子覺得我是個軟弱的母親，相反，我要堅強些，給她做出榜樣，培養她迎接痛苦的勇氣和戰勝病魔的信心。於是，我不對孩子迴避我的痛苦，但也不會表現得沮喪、怯懦，而是和她討論傷口癒合的情況，告訴她病魔很快就會被趕走的。漸漸的，維妮被我感染，能夠很快的從悲傷的情緒恢復過來。

在我的影響下，小維妮已經具備了面對痛苦的勇氣和信心。這是做母親很值得驕傲的事情，當然了，這也是做母親的應盡的責任。

母親的言行舉止

母親的每一個言行舉止都會影響到孩子，因為孩子在幼年時期對事物好壞的辨別能力比較差，而且對於很多事情也並不明白是怎麼回事，只是看著母親怎麼做自己也進行模仿。

而如果母親不注意自己的言行，想說什麼就說什麼，想做什麼就做什麼，就會對孩子產生非常不利的影響。比如：很多人都有說髒話的習慣，在你罵孩子的同時，孩子也就學會了罵人，可能將來上學之後會在學校中罵周圍的小朋友，遭到其他孩子的排斥，久而久之，就會在孩子的心理產生陰影。

因此，母親一定要端正自己的言行。在孩子的啟蒙階段，與母親的接觸最多，母親可謂是孩子最初的也是最好的榜樣，榜樣就要做出榜樣該做的事情，教育孩子的同時還能夠修身養性，不能對孩子大吼大叫，也不要過於安靜，做到最佳的狀態就可以了。

食物：健康的食物和飲食習慣讓孩子健康聰明

糧食是一切問題的基礎。

——列寧

在孩子處於嬰兒階段的時候，母乳就是孩子最好是食物，等到孩子處於幼兒階段時，食物的種類就會多樣化，母親要為孩子選擇健康的食物和健康的吃法。

孩子吃東西要有限量

很多母親在餵養孩子的時候都會根據孩子的愛好進行，很少有科學依據。對於大多數孩子來說，穀物都是不錯的選擇，很多的民族都以穀物為主食，我認為這是非常有益健康的。但是小維妮卻不喜歡吃穀物，我也從來不會強迫她吃，只是透過變換一些花樣來吸引她的注意力。即使對於成年人來說，被強迫吃下自己厭惡的食物也是一件很痛苦的事，更何況是小孩子。所以，有益健康的食物首先要能調動孩子的胃口，當然了，即使再吸引胃口的食物也是不能多吃的，否則的話會適得其反。

很多孩子對自己喜歡的肉類大吃特吃，父母也不加控制，到最後孩子吃得身體出現不適的現象，甚至噁心、嘔吐，等到下次再看到這類食物的時候就會覺得很難接受。

食物再美味，也不能讓孩子一次食用過量，這樣很容易葬送孩子對它的好胃口，等到下次再食用這類食物的時候就很難張口了。很多成年人在拒絕某種食物的

時候常常會說：「哦，這種食物我真的很難吃下，小時候媽媽給我吃的太多了！」身為一名合格母親，在孩子飲食方面要高度注意，為他們進行合理的安排，否則的話，他的胃口就會被破壞掉，還會威脅到他的健康。

給孩子吃有益的食物

芝加哥公立學校的負責人艾拉佛拉格楊曾經說過：「我相信，一個孩子從出生到離開父母的監控，我們都應該密切關心他的身體健康。即使我們為了獲利，培養一個黑胡桃小樹林，或者為了美麗，培養一簇玫瑰花叢，我們都會分階段的培養它們，並且我們會時刻惦念著。」

我在餵養小維妮的過程中，就很注意給她餵養一些有益的食物。我會經常給她吃一些肉類、蔬菜類、水果類和穀物類，絕對不會讓她吃單一的食物，會將食物換著花樣來讓她吃。每天她都要喝適量的水，而且還要讓她喝一些蔬果汁來補充體內的微量元素。

幫孩子養成好的飲食習慣

很多母親在孩子哭鬧的時候就會給孩子餵東西吃，就好像食物能將孩子的嘴堵上。這種做法是非常不科學的。因為孩子哭不一定是因為餓，而且這種不分情況的對孩子餵食會破壞孩子的胃口，甚至會引發一些消化系統的疾病。

研究表明，如果人在特定的時間內集中大量的進食，很可能會對大腦的發育產生影響，人們通常說的「越吃越傻」並不是沒有一點道理的。進食過量，大部分的氧和血液就會跑到我們的胃中參與消化和吸收的過程，而我們的大腦對相應功能的神經的控制就會變得吃力起來，進而影響到語言、記憶、思維、智力等活動神經的功能。這樣的兒童大腦神經的敏感性會降低，對於新事物和知識很難提起興趣。所以，孩子的健康與否與他的飲食習慣有很大的關係。

很多孩子都會出現挑食、厭食的現象，其實，孩子並不是天生沒有胃口的，這些現象很可能是消化不良導致的。想要避免這些現象的發生，就要將孩子的飲食安排好，將吃飯的時間調節得規律一些，讓孩子均衡膳食，合理膳食，才能愉快的進食，保證孩子身體的健康。

我們的胃就像工廠裡的機器一樣，要進行適當的休息和保養，才能保證正常的運行。如果一直進食，胃就會疲勞，不但不能讓孩子變得聰明健康，還會讓孩子變得遲鈍，容易患胃腸疾病。所以，要控制孩子在兩餐之間吃其他食物的習慣，最好喝一些水或吃一些水果。

很多偉大的認為都因為自己隨意的對待飲食而出現了身體不健康的現象。有些藝術家聲稱「靈感而存在」，隨意的對待自己的飲食，結果付出了慘痛的代價。

法國著名的啟蒙思想家伏爾泰在年輕的時候身染胃病和天花，只能靠藥物來維持身體的各個組織和器官的運行。但是大量的藥物對他產生了副作用，讓他感到頭暈眼花，有時甚至疼痛難忍倒在地板上翻滾。如果換作其他的人，可能會對生活感到絕望，但是伏爾泰沒有，他活了下來，而且活到了八十四歲。除了與他驚人的意志力有關，最重要的就是他懂得規律飲食的重要性。伏爾泰為了改善自己的身體狀況，平時非常注意自己的飲食，他從來不會暴食暴飲，也很少吃油膩食物，偶爾會喝一點酒。對自己的一日三餐也有嚴格的規定：早餐通常只是隨便吃一些麵包，喝點牛奶、咖啡；中午通常吃點巧克力、喝點咖啡。伏爾泰的唯一的正餐是晚上九點或十點的晚餐，晚餐會比較豐盛一些，但也是比較清淡的蔬菜或鮮美的湯為主，伏爾泰最偏愛的蔬菜是小扁豆。而對於肉食，他只會吃一點點羊肉。

我聽說如果一個人嚴格遵循自己的飲食規律，那麼，他就能活到一百二十歲，哪怕他只是靠吃榛果、葡萄乾、飲用乾淨的泉水來過活。

當然了，不是說要把孩子變成清教徒，但是一定要幫助孩子建立合理的飲食規則。我們雖然愛孩子，但是為了培養他們健康的飲食習慣，不得不採取一些手段來保證他們的飲食規律，有時候可能要讓他們感受一點點飢餓之苦。

如果孩子養成了好的飲食習慣，就不會在有空閒的時候有吃零食的欲望，而且不會隨意的拒絕食物。這對於孩子的健康、強壯來說是非常必要的。

學校：用自然教育的方法來開啟孩子的天賦

只有能夠激發學生去進行自我教育的教育，才是真正的教育。

——蘇霍姆林斯基

學校是每個孩子到了學齡期必須進入的教育機構，但是什麼樣的學校能夠更好

的教育我們的孩子呢？用什麼樣方法來教育我們的孩子呢？

自然教育中的「花園課堂」

自然教育提倡孩子接觸大自然，培養孩子對動植物的興趣，這就需要學校給孩子觀察動植物生長的機會，不能整天將孩子關在學校學習書本中的知識。我們要鼓勵小朋友開闢自己的小花園，並且要教他們如何整理自己的花園，還要在教室的視窗種下植物的種子。如果空間比較充裕，也可以種一些適宜生長在水中的植物，比如：水仙，非常漂亮，最初的時候，我們只是將很小的植物種在水中，然後對它的生長過程和綻放過程進行觀察。

植物能夠激起孩子們的興趣和探索的意願。老師也可以收集一些特別的植物來開拓孩子們的視野。小維妮就非常高興的捐獻給老師一顆很棒的金星捕蠅草，這株植物來自北卡羅來納州本土，是維妮的植物收藏品。

其實，除了植物，其他的活體動物也能夠激起孩子們的興趣，比如：魚缸裡的金魚、小烏龜、蝌蚪等都能夠為老師提供靈感，同時增添孩子們的樂趣，使孩子們的思維飛速的跳躍，鍛鍊孩子們的觀察能力。

條件好一些的學校，可以設立更大的探祕空間，為孩子們開闢一個單獨的花園，並且讓孩子們為自己的小花園命名，讓他們在自己的小花園裡活動、娛樂、觀察、記錄，並發揮自己的想像力對花園中的未知事物進行神話，還可以探尋花園中的祕密。在這些過程中，孩子們會深刻的感受到生長和收穫的喜悅。

自然教育工具在學校中的使用方法

在前面，我們提到了很多自然教育的工具及相對的使用方法，其實，這些工具在學校也是可以使用的。其中，音樂設備是不可缺少的，在放音樂的時候，孩子們會翩翩起舞或是做一些韻律操。鋼琴是很不錯的樂器，可以由老師來彈鋼琴，一個孩子唱歌，一個孩子跳舞，也可以由孩子來彈鋼琴。

打字機，是自然教育課堂中非常重要的教育工具。透過打字機，孩子們可以很容易就掌握閱讀、拼寫和標點使用規則。可以讓孩子們錄入一些大文學家的文章，能夠鍛鍊孩子的手指靈活性，對於他們彈鋼琴、拉小提琴都有一定的幫助。手指的靈活性的鍛鍊對於大腦的發育有很好的促進作用。

童話故事、神話故事和露台舞會、獨立劇場都是自然教育的現場工具，透過場

景教育能夠培養孩子們的想像力和創造力。

給孩子一張白紙，孩子就會在上畫面出各種圖形和圖案，他們會發揮自己無限的想像力去完成自己的作品；給孩子一盒牙籤，他們就會擺出各種各樣的幾何圖形；給孩子一片樹葉，他們就會將這片葉子的輪廓在白紙上描繪出來，並根據自己的想像為它填充顏色；將孩子帶到海邊，他就會用溼潤的沙子堆出各式各樣的造型……

如果條件允許，學校還可以透過電影來對孩子進行各地風土人情、歷史、地理、生物、化學等知識的介紹。電影能夠讓孩子們更加生動、形象的體會那些文學巨作和藝術作品。

很多自然教育工具都能夠在學校發揮很好的作用，孩子們的記憶年齡在十二歲就結束了，兩歲半至六歲是孩子思維最敏捷、記憶最強的時期，所以在這個階段，老師和家長一定要注意對孩子進行正確的教育指導。

一個班十個孩子就足夠了

很多學校每個班級有幾十個學生，多的甚至達五十個，而且所有的孩子都採取同一個教育模式、教育課程、教育進度。對於那些有天賦的孩子來說是非常不公平的，孩子們不能充分發揮自己的潛力，這樣的孩子應當接受單獨的屬於個性化的教育和培養。

自然教育學校中的每個班級只有十個學生，保證做到因人制宜的個性化開發，老師能夠更加清楚的觀察、了解每個孩子。

學校的上課時間比較長，經常會持續兩個小時，但是充滿了樂趣，因為我們會不斷的變化遊戲的空間，讓老師和孩子不斷的被那種新鮮感包圍，不至於疲倦或厭倦。考慮到孩子們的精力集中的時間不會太長，一般會持續十五分鐘左右。所以，每種遊戲都不會超過十分鐘。我們會在孩子玩得很開心的時候停止遊戲，讓孩子們有種意猶未盡的感覺，等到第二天，他們還會要求玩相同的遊戲。重複性在教育中是非常重要的，也是一種原則和手段。

無論遇到什麼事，老師都要微笑，進入自然教育學校後就要將自己的負面情緒放下。對孩子也會有獎懲制度，但是形式上要充滿樂趣，對於促進孩子進步是非常有效的，也能更好的開展我們的工作。對孩子進行懲罰不代表對孩子的否定，只是讓孩子進步、向上的一種形式。

沒有考試，也不需要文憑

很多人認為教育就是不斷的上學、考學、升級、文憑。其實，畢業文憑並不能代表一個人的教育程度，文憑的高低和能力的高低沒有必然的連繫。

傳統的教育就是將現成的東西灌輸給學生，而學生就像機器一樣不斷的接受、記憶、再現這些現成的理論。

我非常贊同在家庭和學校中進行自然教育，反對用考試來折磨孩子。考試並不能檢測出孩子知道什麼、知道多少，還可能會因為考試結果的不佳而給孩子帶來困擾和打擊。他們對於考試後可能出現的父母的責備和老師的批評感到恐懼，因為考試成績不好自殺的現象也是時有發生的。

而自然教育學校的教育宗旨就是讓孩子們帶著問題去學習，提出問題是孩子的天性，能夠提出問題，就說明這個孩子對所遇到的事情或事物進行思考了。在我們的學校，孩子到學校後就會提出一些問題，問題會被大聲的朗讀出來，一起思考、一起找答案，如果大家都答不上來，就會到《兒童百科全書》中去找。

孩子會寫字後就會非常樂意去記一些東西，他們會將每天獲得的資訊記錄下來，並標記日期和題目。這些記錄中，包括他們一天獲得的知識、解決的問題。當他們再翻開這個本子的時候就會感到知識在增加。每到月底，老師會檢查孩子們的記錄本，如果誰的本子記錄的內容豐富、乾淨、整齊就會獲得金星。週末的時候，獲金星最多的孩子就會被封為女王或國王。我相信，這要比考試有效得多，不會讓孩子們感到恐懼，獲得的知識要更加豐富多彩。

教育孩子愛護和平

自然教育學校會教育孩子要愛護和平、憎恨戰爭。我們所進行的遊戲、講的故事、表演的喜劇都在宣揚和平、奉獻與慈悲。

孩子在年幼時是很容易受大人思想影響的，如果我們樹立了好戰的榜樣，孩子們就會努力去成為一名戰士，戰爭就不會停止；如果我們欽佩建設性的人才，將那些做出過偉大貢獻的人作為榜樣，孩子們就會努力成為這方面的人才；如果我們將愛好和平的思想灌輸到孩子們的思想中，那麼這個世界就會趨向於和平的走勢。

大自然：孩子最好的啟蒙老師

大自然的每一個領域都是美妙絕倫的。

——亞里斯多德

現在的孩子大都在溫室中成長，缺乏想像力和創造力，動手做能力也非常差，這與他們遠離大自然是有很大關係的。

孩子應當向生活學習，向自然學習，在遊戲中學習和成長。大自然是孩子最好的啟蒙老師。讓孩子們到大自然中去探索、去感受，大自然隨處都是教育孩子的素材。帶孩子去小溪邊、去草原、去樹林、去山頂；讓他們聆聽蟋蟀的叫聲，小鳥的歌唱，波濤的旋律；可以給孩子們講童話中海的女兒的故事，告訴他們王子和公主的故事，跟他們說森林中有善良的小女巫和小仙女。大自然是教育孩子最好的助手，它是最博大精深、最生動的教科書。

在我看來，父母不應該將孩子長期放在人造的環境中。否則的話，會降低孩子的幸福感和安全感。研究表明，那些親近大自然的孩子要比長期處在溫室中的孩子情緒穩定，抗壓能力也比較強。

觀察大自然讓孩子獲取無盡的知識

其實，孩子們是非常喜歡大自然的。教育家伽德納指出，觀察大自然也是智慧的一種。孩子可以透過對植物或動物的觀察來探索天文、地理、生物知識；可以透過看、聞、聽觸、摸來探索不同的事物在不知不覺中學會觀察、比較、分類；在與花、草、樹、木、蝴蝶、螞蟻、蟋蟀等生物的相處中，可以讓他們更有愛心，並且懂得如何去尊重生命，這些對於健全孩子的人格來說是非常必要的。

在溫暖的午後，如果維妮不想睡覺，我就會帶她到大自然中，告訴她蔬菜和花卉的不同；我們在散步的時候我會和她講大自然不同物種的生長方式，和發展趨勢以及自然環境的變幻莫測；告訴她大鳥如何來餵養小鳥，它們如何為生活而忙碌覓食；春天的時候，我們會到野外觀察萬物的重生……大自然這位老師為我們提供了豐富的素材，讓小維妮在這種方法下學習到了地理學、植物學、鳥類學、動物學、天文學、礦物學等知識。

家長們可以利用節假日帶孩子到田野上和大自然接觸，孩子會在追、跑、打

鬧、遊戲中呼氣新鮮的空氣，感受大自然中那種心曠神怡的感覺。大自然豐富多彩、千姿百態、變化無窮，為孩子們提供了豐富的知識，開闊了孩子們的視野，提高了孩子們的審美能力和愛護自然的情感。

大自然讓孩子發揮出無盡的想像力

熱愛大自然的孩子品行也會很好，我們可以在孩子呼吸大自然中新鮮的空氣的時候為他們講一些大自然中的神話故事，激發他們探索自然的興趣和無限的想像力。

維妮對大自然的熱情是很高的，而且充滿了想像力。她經常會在顯微鏡下觀察、研究花朵，分析花朵，還會做一些標本，對於同類植物之間的「哥哥弟弟」關係很感興趣。當我告訴她馬鈴薯、番茄、菸草是「兄弟」關係，它們屬於茄科時，她便發揮自己的想像力將這些「堂兄堂弟」放到一起寫了一個有趣的《植物園故事》，講的是一個孤獨的植物找親戚的故事。維妮的植物筆記本上記錄了很多有趣的現象。隨處可見「馬鈴薯大哥」、「番茄小姐」、「植物大變身」的故事。

維妮非常討厭毛毛蟲，因為牠們軟乎乎的、有很多腳，並且長得很醜，但是在我告訴她毛毛蟲會變成美麗的蝴蝶後，她就改變了心情，再看到毛毛蟲的時候就會非常小心，避免傷害牠們。她甚至還會告訴其他小朋友不要去傷害醜陋的灰蠕蟲，因為牠們會變成美麗的蝴蝶。

我還告訴她大自然中的小生命：螞蟻、蜜蜂、果蠅的故事以及牠們的生存方式，這些故事讓小維妮感受到了小生靈的趣味和牠們的特別之處，而且她還不斷的發揮自己的想像力用文字去為牠們增添色彩，杜撰這些小生命在想什麼、說什麼、做什麼，充滿了樂趣。

在與自然接觸時，很多兒童都會表現得勇氣十足、樂趣十足。對於任何小動物，不管牠美與醜，都能夠成為他們的玩伴。維妮也是如此，她對於那些在地上爬行的動物非常感興趣，甚至與蜈蚣成為了好朋友，而且絲毫不畏懼危險。但是自然界中的生靈並不都是友好的，有一次維妮和大黃蜂親近時被螫到了，才明白原來牠們並不那麼友好，維妮還用這次教訓來警告其他小朋友。有了這次經歷，我們將大自然中的「朋友」和「敵人」劃清了界限，讓她遠離那些可能會攻擊我們的動物。

大自然帶給孩子身體和心靈的健康

自然總是遠離鬧區的，因此都市中的孩子是很少接觸大自然的，父母應當為孩

子們提供與大自然接觸的機會，讓孩子呼吸最純淨的空氣，擁有健康的大腦和身體。

維妮有很多個自己專屬的花園，她非常喜歡在自己的小花園裡除草、種菜、澆花。當園子中的雜草很多的時候，我們就會小心的除草，以免碰到名為「小仙子」的花朵。我們還會經常玩馬鈴薯的遊戲，將它們當成嬰兒來照顧，幫助它們快速生長。有的時候，我們會躺在樹下晒太陽，討論一些關於蔬菜、花朵的話題。還有一些時候，我們會在一頁紙上寫上各種顏色的蔬菜和水果的數量，然後配上生動的語言描述其中一種果蔬的顏色、氣味等特徵。有時候也會用花朵來做這個遊戲。

在孩子照料自己的小花園或小動物的時候，對孩子的健康是大有益處的，而且還會培養孩子的關愛和善良之心，激起孩子的憐憫之心。

我還會帶維妮去露營。有時我們會選擇安靜的森林，有時會選擇蒼茫的大草原，有時是雜亂無章的灌木叢。和大自然的親密接觸讓我們感到愉悅，而且還不斷的發現「樹的語言」、「小溪的痕跡」、「花朵的傳遞」等神祕之處。透過與大自然進行親密接觸，孩子的心靈會得到淨化，多一些純真的笑臉。

第八篇　學齡期的學習法則

知識是認識事物的動力、源泉，各種知識的學習都會對孩子未來的成長有幫助，所以如何正確的學習，讓孩子對知識更感興趣，成了家長和學校的難題。其實，每個孩子都不是全才，對於孩子有興趣的方面，我們要讓孩子充分發展，而對於孩子不感興趣的方面，則想辦法讓孩子感興趣。

母語：用「系統」的方法來學習母語

語言只是一種工具，透過它我們的意願和思想就得到交流，它是我們靈魂的解釋者。

——蒙田

每個人最熱愛的語言就是自己的母語，而在孩童的記憶中，最美麗的語言就是從母親口中說出的道地的母語。

每位母親都希望自己的孩子能早一些喊出「媽媽」，這種願望強烈到母親們用盡方法去迫使孩子盡早喊聲「媽媽」。母親對孩子說的聲音都是非常甜蜜、溫柔的，我們經常會聽到母親們稱呼孩子為「親親」、「甜心」、「小寶貝」之類的話，還會將生活中的事物稱呼得很可愛，比如告訴孩子稱呼小貓為「喵喵」，稱呼小狗為「汪汪」，稱呼小羊為「咩咩」。

母親們可能有一種誤解，認為用嬰兒語來和孩子說話能讓孩子更快的掌握語言。但是我卻不認同這種做法，用這些不準確的詞語來形容事物會阻礙孩子詞彙量的擴大。

如果這種用簡單的話語來形容事物的習慣養成的話，長大後就很難用完整、準確的詞彙來形容事物了，所以，要用標準的英語來和孩子講話，用正確的方法教孩子學習母語。

在嬰兒期透過遊戲進行字母學習的方法已經介紹過了，透過字母的「自然照料」遊戲讓維妮對字母有了初步的認識，到後來還介紹了拼字遊戲，使維妮對單字也有了一定的了解。等維妮到了學齡期，就會透過其他遊戲來學習英語當中的語法和英語的寫法。

「空格遊戲」和「建設遊戲」

這個遊戲是我為了幫助維妮學習語法而精心設計的。比如常用代詞的使用，問句代詞的用法。維妮在這個時候已經能夠順利的進行日常的交流了，所以這些知識顯得非常容易，她很快就將它們掌握了。我會出一些填空題來考她，在這些空格中，維妮會很輕鬆的將正確的單字填進去。

我們有的時候會選出一組單字反覆做「建設遊戲」，比如「have」和「has」。我

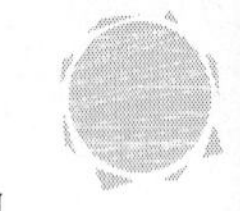

代表「have」，然後，維妮說一個和「has」有關的句子，如果在遊戲的進行過程中有人用錯了兩個詞就會受到規定的懲罰。

聰明人和傻瓜的遊戲

為了幫助孩子正確的用英語進行表述，我們會玩「聰明人和傻瓜」的遊戲。遊戲的操作方法是：將房間分成兩個部分，一邊是女王的領地，聰明人會住在這邊；而另一邊是國王的領地，愚蠢的人會住在那裡。所有的孩子都會站在房間的中間位置，等到遊戲開始的時候，我就會說一句英語，從第一個孩子開始判斷這個句子語法的正誤。如果他說錯了，就要去國王的領地，如果他說對了，就會待在屬於女王的領地。句子的長短和正誤不同，孩子們有時候會做出正確的判斷，有時候卻不能。孩子們會越來越警惕，越來越認真，因為被發配的到國王那邊就不能享受王子和公主的待遇。自然教育學校的老師透過這種方法教孩子學習語言的正確表達方法是非常有效的。

用鋼筆書寫文字

書法絕對是一門藝術，對於孩子來說，透過寫字進行記憶會快一些，也能幫助他們對文字進行理解。

維妮很喜歡模仿，對很多事物都有興趣，當她看到我用鋼筆寫字的時候表現得很感興趣，也模仿我用鋼筆寫字，我就抓住這個機會教她寫字。

維妮有世界各地的朋友，在給朋友寫信的時候總是堅持用鋼筆。我也認為用鋼筆寫字是一個作家的基本素養，很多偉大作家的靈感都來自於那個小小的筆尖。對此，維妮也有自己的認識，她認為鋼筆和打字機都是一種能夠表達思想的工具，無論選擇用那種工具來表達都是可以的，不存在哪一種更禮貌的問題。她自己也不會拘泥於特定的表達方式，會根據自己的意願來選擇。

從字母到單字，從單字到句子，從句子到文章，一步一個腳印的進行訓練，維妮的語言能力達到了非常好的水準，而且要比普通小朋友掌握語言的時間早很多。維妮從會寫簡單的文章後就每天寫日記。如果天氣不好，她就會在屋裡給我念日記聽，笑眯眯的重溫著自己的故事。我相信這些幼年的日記對於她的未來會有很大

的意義。

維妮在五歲的時候為一家著名的報紙寫應徵作品時獲得了金質獎章，她的寫作生涯起步很早，創作欲望很強，也實現了她當年想要透過打字機來賺錢的夢想。

外語：用「有趣」來激發孩子的學習欲望

語言就其本質而言，是一種大眾事物。

——T·E·休謨

外語的學習是非常必要的，能夠豐富孩子的語言知識、地理知識、各國風土人情等。然而，很多父母只是意識到要讓孩子接觸外語，卻並沒有採取適宜的方法去讓孩子學習外語，只是透過各種枯燥的語法、無休止的外語課來進行孩子的外語培訓，這樣做，孩子不僅不能學好外語，還會對外語產生排斥心理。

我認識一些語言學家，他們認為每個孩子都能接受兩三種語言。而且父母也會覺得自己的孩子能用多種語言來朗誦詩歌是一件非常值得驕傲的事情。但是在我看來，學習不是用來炫耀的。

用一種語言來和孩子交流

我認為，在與孩子交流的時候，要盡量使用一種語言，而且，父母最好不要教那些剛剛開始學習語言的孩子學習外語。一開始就讓孩子接觸多種語言，很容易讓他們罹患「失語症」。他們今天能夠用多種語言進行交流，但是，很可能到了明天就突然哭泣，失去了語言的表達能力。所以，在維妮能夠很好的使用英語後我才開始教授她其他語言。首先學習的是西班牙語，因為西班牙語比較簡單，在英語、法語、德語世界擁有很好的使用空間，維妮在學習的時候不會失去耐心。在教授西班牙語的時候我仍然沿用英語的學習方法。

身為父母，我們不要將語言問題誇大，也不要因為孩子使用或不使用某種語言而責備他們。當孩子掌握了兩種或兩種以上的語言後，就要讓他們了解每種語言所代表的文化，避免他們出現語言混淆的現象。

讓孩子在遊戲中輕鬆掌握多門外語

維妮可以使用多種語言來表達自己的想法，很多人看到維妮將各種外語靈活的運用就向我請教幫助孩子學習外語的方法。其實，並沒有什麼特別的竅門，只是在孩子比較小的時候，對語言有著天生的敏感性，只要在這個時候對他們進行正確的引導，就能夠幫助他們快速的掌握一門外語。

前面我也提到過，像「布娃娃家族」遊戲、「角色扮演」遊戲等都能很好的幫助孩子們學習英語。透過這些遊戲，維妮在學習外語的時候充滿了樂趣。在「布娃娃家族」這個遊戲中，維妮始終扮演那個台詞比較豐富的角色，導致她後來在朋友中成了他們的法語老師，雖然她對法語的掌握有限，但是卻因為這個隱含的角色激勵了她學習法語的勁頭和興致。

《哈姆雷特》是維妮比較熟悉的莎士比亞戲劇，她會將書中的國王、王子、王后等角色分配給朋友們，選擇他們比較喜歡的章節來進行角色扮演，當然了，在扮演的過程中要用法語來念出裡面的台詞，如果哪位小朋友用英語講台詞，就會被「國王」懲罰。在遊戲過程中，孩子不會認為學法語是枯燥的，而將它當成一件非常有趣的事情。

父母也要注意，在為孩子選擇角色扮演的著作時，要選擇一些經典、有趣的。讓孩子們對這些美麗的文字感興趣，願意透過它來進行語言的學習，在這樣的訓練中，即使他們不懂語法，不懂規則，也會用最好的詞語結構來進行組句。

透過閱讀的方式提高孩子們的外語水準

我們可以透過一些文學作品來影響孩子。比如：在維妮學習西班牙語的時候，我會推薦她讀簡易本《唐吉訶德》，而且我們會一起討論其中的措辭，透過賽凡提斯輕鬆活潑的語言來激發維妮的對西班牙語的印象。

學習法語時，我們會一起朗讀拉辛或高乃依的劇本。這樣，在學習語言的同時還能夠了解一下異國的風情。有的時候，維妮會主動為朋友們推薦一些優秀的法語讀本或故事，她還會充當「老師」的角色為她的「學生們」導讀。例如《猴子和魚》的故事，她會讓朋友們一遍一遍的閱讀，並且從故事中學到一些特定的表達方式。經過幾次這樣的訓練，孩子們的外語水準有了驚人的進步。而且基本上都可以用法語來複述這個故事。

在這種自然而然的薰陶下，維妮學習英文、拉丁文、法文、希臘文、西班牙文

的時候我都會給她列取一些適合她看的書。主要包括一些詩歌、散文、兒童故事以及一些簡單的劇本等。

除了這些方法，維妮還嘗試著用法語來寫一些內容簡單的詩歌，比如在她散步的時候歌頌一朵小花等。我會鼓勵她經過反覆修改後獻給雷蒙德教授，我還會幫助她認識一些法語歌曲，並且讓她嘗試著在聚會上演唱出來。

數學：找出讓孩子ㄞ枯燥學科的方法

發現每一個新的群體在形式上都是數學的，因為我們不可能有其他的指導。

——達爾文

對於很多孩子來說，學習數學會有一定的困難。如果教授的方法不當，或者沒有培養出孩子對數學的興趣，很可能會將孩子的數學天賦磨滅，甚至讓孩子對數學產生恐懼，到最後根本沒有辦法去學好它。

「豆莢」遊戲學習加法和乘法

剛開始，我用真正的美鈔教維妮數數，她很快就學會了。但是，但我使用原來學習字母和音樂的方法教她學習乘法表的時候，她卻表現出一副沒有興趣的樣子，而且拒絕學習。即使我透過彈著鋼琴將「二一得一，二二得二」唱出來，她也還是不能學會。

可是我並沒有放棄，努力的尋找著讓她對數學感興趣的方法，但是始終沒有找到。直到後來我認識了一位芝加哥的數學權威霍恩．布魯克教授後，才明白數學本身並沒有問題，只是我沒有意識到數學中的樂趣。我從教授那裡學到了很多有趣的數學遊戲，並透過這些遊戲幫助維妮敲開了數學迷宮的大門。

我按照教授的方法來教維妮學習數學，首先讓維妮對數學產生興趣，比如：玩豆子遊戲的時候，我會將豆子兩個一組或是三個一組排列起來，排成兩組、三組或四組不等，在這個遊戲中，我們分別抓一把豆子，然後讓維妮數出豆子的數量，誰抓的多就會得到獎勵，這個遊戲對於維妮來說很簡單，因為她已經學會了數數。

為了讓她學好加法，我們會經常玩搖骰子的遊戲。最開始只用兩個骰子。規則

是這樣的，如果拋出了二和七，就將它們加在一起得九分，如果是二和四加起來得六就得六分。我們會將每次擲骰子的結果記在紙上，遊戲進行六次之後就統計一下，看誰得的分數高，誰就獲勝了。如果是我獲勝了，維妮就要將她珍藏的寶貝（通常是玻璃球、卡通娃娃、零布頭之類的東西）給我一個。如果維妮獲勝了了，她就可以贏回她的寶貝或者提一些其他的要求。維妮非常喜歡這個遊戲，經常想要多進行幾輪，但是考慮到數學會耗費她的精力，所以我從來沒允許過，這個遊戲每次最多進行十五分鐘。有位教授曾經說過，無論在什麼情況下，都不要讓孩子玩數學遊戲超過一刻鐘。

慢慢的，骰子會變成三個甚至更多個，維妮也能夠應付自如。等到我覺得她的加法水準已經很不錯的時候，我們會開始豆莢遊戲。我們每個人抓一把豆莢，讓維妮將每個豆莢中的豆子數量數出來，她便一個豆莢一個豆莢的數著，速度很慢。於是，我教她一種更聰明的方法使她快速的將豆子的數量數出來：將每組數量的相同的豆莢歸為一類，然後用乘法來計算，最後再將總數相加。最後，我們還將自己製作的乘法口訣表掛在了牆上，在這種有趣的遊戲中，維妮終於學會了乘法口訣。

透過「小士兵戰鬥」來學習減法和乘法

我們還會玩一種叫「小士兵戰鬥」遊戲。我們假裝士兵在作戰，然後輪流用小千斤頂滾向對方的陣地。如果我擊中了維妮的兩個士兵，她就要算出她所損失的和現有的士兵。比如：我們假裝有三十個士兵，用每個小木棍來代替三個士兵，如果我擊中了她的兩個木棍，那麼她實際受損的士兵就是六個，還剩下二十四個，透過這種方法，她的乘法和減法都得到了很好的訓練，而且，維妮也樂於用這種方法來學習數學。

透過珠算來學習數學

幾乎每個孩子都喜歡撥動算盤的珠子，所以算盤也是孩子學習數學的遊戲工具。維妮就非常喜歡撥弄算盤，數著算盤上每行有多少珠子，我就會趁機教她比較「四」個珠子比「二」個珠子多幾個，慢慢的，她就明白「四」是「二」的兩倍，「十」是兩個「五」。透過算盤，還能讓孩子對簡單的真分數有所了解。能夠顯示出「三」是「九」的三分之一，而「二」是「四」的二分之一。珠算遊戲能夠幫助孩子將數學中的加、減、乘、除四則運演算法掌握得更加熟練。

透過「雜貨鋪遊戲」將數學融入到現實生活

當維妮對各種計算方法都熟悉以後，我們就開始玩「雜貨鋪遊戲」。遊戲中，我扮演雜貨鋪的老闆，而維妮是顧客。我們在玩這個遊戲的時候使用的是真美鈔，維妮在購買玩具的時候，我會故意將錢數錯，多收她一部分錢。當然了，維妮每次都能發現錢的數目不對。她在玩這個遊戲的時候總是集中精神，不讓我這個老闆占她的便宜。

透過這個訓練，即使在我派她到真正的店鋪去採購東西的時候，都能將錢正確的找回來。有一次，她甚至糾正了一位售貨員在找零錢時出現的錯誤，這讓我為她感到高興。

透過遊戲來教孩子學習幾何知識

有一天，外面下起雨來，維妮便和朋友們在屋裡玩「六邊形」的遊戲。每個人手裡拿一張紙，將自己所想到的六邊形畫出來。一始他們只畫正規的六邊形，但是後來就開始畫六邊形的靴子、車子、房子、打開的書本、田地、蝴蝶、船、桌子、椅子、小貓的頭、酒杯，甚至還有人物的大頭照。

當然了，他們還會玩五邊形、矩形、菱形、梯形的遊戲等。維妮還會和朋友們玩一個叫「這是什麼」的遊戲。每次，維妮都會畫出一個圖案，請求她的夥伴猜出它的形狀。如果對方猜對了，就給他加一分，如果猜錯了，維妮就得到一分。我會和維妮一起玩這個遊戲，維妮對各種各樣的幾何圖案的認識基本上都是透過這個遊戲得來的。

用現實的東西來教孩子學習幾何知識

在維妮所在的班級中，孩子們會畫一些三角形、四邊形、五角形、六角形、八角形、十角形等，而且，孩子們對牙籤、細棍擺出來的圖形也非常感興趣。

學習幾何知識的時候，我們借助了很多現實中的東西，讓書本上那些抽象的圖形變得非常具體。當維妮知道自己的糖果盒子是方形的時候，就立刻高興的沿著盒子畫了一個非常完美的正方形。這就是她最初對幾何圖形的認識。

在我們的生活中，幾何圖形是隨處可見的。我們出去散步的時候，我們會一起數房檐、屋頂、窗戶上的線條，透過這些實物來認識矩形、三角形等。我們一起來感受建築上的曲線美。我們還發現了孔雀尾巴上的幾何線條。這些幾何對於維妮來

說是一種能夠影響其一生的快樂資源。

可能在最初接觸數學的時候有一定的困難，但是萬事起頭難，等到掌握了一定的方法之後，學習起來就會順利得多。比如：我們用古希臘的「篩」去學習質數與合數的區別，同時學習合數、除數和倍數。我會給她講述「X先生」的神奇，並且順便幫她複習關於代數的一些問題，對於這些，小維妮從來沒有厭倦過。

美術：感官及意識的綜合訓練法

文學家是以抽象化了的，即以觀念來表現自己。但是畫家以素描和色彩把自己感覺和知覺到的具體化。

——塞尚

剪貼簿——孩子接觸的最初藝術形式

前面我也提到過，可以在嬰兒室放一些偉大的藝術品的複製品來薰陶孩子的藝術細胞。有時候孩子們喜歡臨摹一些東西，比如樹葉、墨水瓶、玻璃杯、盤子、書籍等，然後將臨摹的作品放到自己的剪貼薄上。

這種孩子自製的剪貼簿對於孩子來說是非常有用的素材庫。孩子們可以盡興發揮，畫一些自己想像中的東西，透過各種管道來豐富自己的剪貼薄。維妮就一本用來貼各種可愛娃娃造型的剪貼薄。我們會經常一起收集報刊中的美麗圖案和繪畫。將自己精心挑選的美麗圖片做成豐富多彩的手工書。這些書的內容很豐富，有動物、植物、仙女圖片等，成為維妮最早的美術啟蒙形式之一。透過這種日積月累，孩子們的藝術感會在各種形式的圖案中慢慢形成、提升。

描摹、製作訓練

孩子們在最初接觸美術、畫第一幅畫的時候很可能就是亂塗亂畫，很多家長可能會嘲笑孩子的舉動。其實，從另一方面可以說明孩子有創作的渴望，我們應當給孩子鼓勵，讓那些喜歡塗鴉的孩子對美術進行更加深入的學習和創作。

古人在沒有紙、筆的情況下用沙子在地上進行創作，所以，孩子也可以在學會使用鉛筆之前用沙子在地上進行自由的創作。孩子會對這個沙子畫板很感興趣，可

以創作之後再將其抹平，對於他們了來說是毫無負擔的練習過程。

畫畫功能對於孩子智慧的開發是非常有益的。我會給維妮買很多的顏料、畫筆和紙張，教她畫一些東西，最開始，我會手把手、耐心的教她畫畫，慢慢的，當維妮的小手能夠把牢畫筆的時候，就開始用真正的筆「畫畫」。

我會將我所了解的美術知識向維妮展示出來，告訴她各種藝術的表現形式和具體製作過程。為了激發維妮的想像力，我還為維妮準備了不同顏色的紙張，從裁縫鋪要了一些材質、顏色不同的碎布，而且為她提供了輕黏土、小剪刀、膠水等。維妮有了這些素材可以隨機的進行藝術品的創作。

為了引起維妮對繪畫的興趣，我們會玩一種叫做「現場模特兒」的遊戲，遊戲的內容就是讓一個孩子假裝自己是大藝術家，另一個孩子則扮成模特兒，扮成模特兒的孩子要在「藝術家」的面前奔跑或跳躍，讓「藝術家」為現場臨摹這些動作。孩子們的作品雖然很粗糙，也沒有透視感，但是這種簡單的臨摹卻很好的鍛鍊了他們的觀察力和辨析力。

其實，每個孩子都可以畫畫，能夠鼓勵孩子們將自己內心的想法表現出來，還能夠對孩子們的眼睛、手、思維、個性等能力進行鍛鍊，有助於孩子對藝術品精髓的領悟。

色彩培訓

色彩是美術的基礎。我給維妮買了很多的彩色的東西，她的布娃娃身上穿著色彩繽紛的衣服，還有五顏六色的毛線球。我會給維妮挑選顏色鮮豔的玩具，對於她的色彩感知力的訓練是非常有幫助的。

我們會玩一種叫「顏色競賽」的遊戲。我們會在一張大白紙上進行顏色的接龍遊戲。我會選擇在紙張的任意一個地方用黃色蠟筆畫一條五公分的線。維妮也要用黃色的蠟筆畫出同樣長度的平行線。接著，我又會選擇其他顏色的蠟筆在她所畫的線的後面畫一條同樣長度的平行線，維妮也繼續下去，就這樣兩個人連續畫下去，整張白紙就會變得五彩繽紛。

我會為維妮買來各色的顏料，並且讓她隨意在紙上塗鴉，還為她買來了色譜，耐心的教她辨別顏色之間的細微差異。透過這種方法來培養她對於色彩的感覺。時間久了，維妮就能夠記住很多顏色，對於那些很相近的顏色也能夠進行區分。除此之外，維妮還能夠用專業的語言來談論色彩，比如：她會將「那是紫色」說成「那是

醬紫色」，「那是藍色」說成「那是普魯士藍」等。雖然維妮並沒有成為畫家，但是對於色彩的識別、認知能力卻高出一般人很多。

她的創作欲望很高，房間的牆壁上掛滿了她的作品，包括古典的水彩畫、五彩繽紛的剪貼畫等。還有一幅用不同顏色表現的我家門前的樹，非常漂亮。如果維妮對藝術一直都很感興趣，並且願意在這個領域發展，就能夠成為藝術家，但是，我不想用成人的方式來對她進行刻意的培訓，她要自己來選擇發展方向。

藝術博物館

要經常帶著孩子去參觀藝術博物館，教他們去欣賞那些美麗、優秀的藝術圖畫和雕塑作品。在帶著孩子參觀這些作品的時候一定要用心，不能轉一圈就回去了，那樣的話，什麼收穫也不會有。

我們要引起孩子對這些藝術品的興趣，給他們講述這些藝術品的創作背景、藝術創作由來，也可以給他們講述一些藝術家的創作生涯，讓孩子們對這些藝術家也產生興趣，豐富他們的藝術知識，孩子們很可能因為這些藝術家的故事而對這些作品感興趣。

如果孩子們表現得興致勃勃，可以利用這個機會鼓勵他們用輕黏土來複製其中某些偉大的作品。我們住在匹茲堡的時候，維妮每個星期都會在美麗的卡內基雕塑館進行幾個小時的欣賞，並且嘗試著對其中的作品進行臨摹，而且，她確實成功的做出了很多相當優秀的輕黏土模型。

在自然教育學校中，我們每天都會花一定的時間來讓孩子們欣賞一些偉大作品的複製品。維妮也會邀請小朋友到家裡來欣賞藝術作品。我會負責為他們講述那些藝術家的生平事蹟和主題作品。然後，孩子們就會在一起隨意的進行討論。

提升藝術品味的方法

在孩子藝術品味的提升方面，父母、老師一定要注意為孩子選擇一些積極向上、品味高、名氣高的藝術作品進行欣賞。

因為現今我們所接觸的小報、雜誌等刊登了很多蹩腳、低級的漫畫作品。所以，母親不能為了省心就隨便丟給孩子一本漫畫讓孩子打發時間，要讓孩子懂得什麼是真正的美，這需要從真正的藝術作品上去體會。

維妮透過那些優秀的藝術作品不僅懂得了體驗美、感悟美，還培養了她善良、

真誠、正義、友愛等珍貴的品格。

《格林童話》和《安徒生童話》的繪畫本是維妮最喜歡的讀物，即使是成年人也會對書中的懲惡揚善有所感悟，對於孩子來說更是生活樂趣中不可缺少的一部分。

有些時候，維妮會用繪畫的方式將自己內心的想法表達出來。孩子們在最初的階段會有很強的模仿意願，喜歡臨摹各種圖畫作品，所以要讓那些低劣、粗糙的作品遠離孩子的視線。應當將那些美麗的童話作品、神話故事的臨摹樣本擺到孩子的面前，讓孩子從書中獨特的人物、動物造型中找到創作的靈感。

維妮非常喜歡那些富有美感、簡潔的素描圖畫。有的時候，我會鼓勵她為這些圖畫配上相對的小故事，這樣，在欣賞的時候，她就會為這些畫構思故事，思維不斷的跳動著。

第九篇　孩子成長過程中的品德教育

在孩子成長的過程中，品德的教育是不可或缺的。一個人，無論多麼優秀，如果沒有道德、沒有良好的品性，都是有缺陷的，人生的發展將不全面。所以，要從生活、學習、做事等各個方面對孩子進行品德教育，完善孩子的人格。

鼓勵：在孩子的心裡埋下堅定的信念

如果一個孩子生活在批評之中，他就學會了譴責；如果一個孩子生活在敵意之中，他就學會了爭鬥，……如果一個孩子生活在友愛之中，他就學會了這個世界是生活的好地方。

——諾爾特

要對孩子的點滴進步給予鼓勵

父母應當對孩子的進步給予適當的鼓勵，哪怕是很微妙的變化和進步。維妮的每一點都會增強我的信心，我也會給她回應和鼓勵，我對她的每一點回饋都會讓她更加努力。

在嬰兒期，孩子可能不理解我們所教授的語言，也不知道我們嘴中叨念的一二三是什麼，但是，他能感受得到母愛以及母親的鼓勵和希望。最開始，那些鮮豔的顏色會吸引孩子的眼球，孩子在沒有意識的情況下學會了字母、數字。他只當自己所進行一切是遊戲、娛樂。就像我在教維妮學習字母的時候那樣，我會讓她找牆上的字母，在她努力的尋找過程中，我會對她進行鼓勵，她在聽到讚揚和肯定的語言後會表現得非常開心。

鼓勵孩子進步的方法有很多，我覺得應該對孩子所付出的每一點努力都給予回應、進行鼓勵。就像孩子在最初學習走路的時候那樣，每一步都要在母親的鼓勵下完成。母親應當關心孩子一點一滴的進步，給予回應和鼓勵，孩子對母親這種肯定是很敏感的，他們能夠感受得到父母的關心，在情感上能夠得到滿足。但是很多的父母都會忽略掉這一點，只想要看到孩子有驚人的進步，或是抱怨孩子進步的速度慢，很少對孩子簡單的進步給予回應或是鼓勵，漠視孩子欣喜和期待的目光，這樣的話，孩子很難進步，甚至可能退步。

孩子如果沒有得到父母的肯定、認同，也沒有獲得父母的支持和期待，那麼很快就會喪失前進的動力和信心。父母應當體會鼓勵語言的微妙之處，要用鼓勵的言語去支持、撫慰、溫暖、激勵孩子，增強孩子的自信。當孩子垂頭喪氣的時候，要用溫暖的話語安慰他、鼓勵他；當孩子膽怯的時候，要用堅定的話語激勵他；當孩子痛苦的時候，要設身處地的為孩子著想，和孩子說一些貼心的話……這樣，孩子

才能健康、快樂的成長，人生之帆才能再度揚起。

孩子成長的過程中，所有的想法都應該被鼓勵。如果孩子不能透過鼓勵的話語獲得自信，就不可能會發展成為你所期待的充滿智慧、充滿信心、充滿抱負、品德高尚的人。在人類的發展和進步的過程中，必須擁有足夠的自信，懂得如何控制生活、享受生活，而不僅僅是扮演一個被動的角色。這種信心的養成。來自於母親不斷的鼓勵及肯定。

鼓勵孩子說「我試試」

有些孩子總會說「我不能」、「我做不到」、「我不行」之類的話，這類孩子通常比較內向、膽怯；而有些孩子會經常說「我試試」，表現得自信滿滿。我們應當將孩子的「我不能」之類的話用「我試試」來代替，一個常說「我試試」的人，即使生活陷入了黑暗的地帶，也不會放棄理想，勇敢的面對挫折與失敗。

父母不應干涉孩子的自由，應允許孩子進行自由探索和研究。如果你經常對孩子說「不」，孩子就會喪失探索的勇氣，甚至認為好奇是不良的習慣。而如果給予孩子自由、安全探索的環境，孩子就會將自己的探索精神進行最大限度的發揮。

其實，生活中，這種干涉孩子的現象是隨處可見的，很多父母只是一味的讓孩子保持安靜、衣服整潔、安全而不允許孩子隨意探索、玩樂。我們可以採用標記法，將家中的有安全隱患的櫃櫥和抽屜進行標記，並告訴孩子識別的方法，鼓勵孩子自由活動，接觸新鮮事物，即使他會弄亂東西或弄出雜訊。

我的鄰居家有個小女孩，她的父母從來不允許她溜冰，害怕她摔倒或是將鞋襪弄髒、弄破。他們還告訴小女孩划船和游泳都是很危險的，如果她參與了就很可能被淹死，所以她只能看著別人游泳，因為只有這樣她才能感覺到自己是安全的。父母還告訴她不能爬樹，因為她可能會不小心摔下來；也不能跑，會摔得頭破血流；不能跳，會扭傷腳踝；也不能獨自到樹林中去，免得被動物咬傷……當這個小女孩看到我帶著維妮騎馬的時候竟然說：「哎呀，太危險了，牠會把你們摔下去的，扭斷脖子……」

我覺得這樣教育孩子是很可悲的，也許在孩子小的時候父母能夠保護她，那麼孩子長大後呢？她自己還能做些什麼呢？所以，有必要讓孩子自己去探索、去嘗試，讓孩子多說一些「我試試」。

鼓勵孩子成為「作家」

寫作對於一個人來說是很重要的，從小培養孩子的寫作能力是很有必要的。在培養孩子寫作能力的過程中，最重要的就是鼓勵孩子，讓孩子相信自己就是作家，一旦孩子認為自己是作家，就會主動去學習一些寫作的知識，並在父母的鼓勵下進行一些初步的創作。

父母可以鼓勵孩子在自己的畫作上簽名，這是引領孩子走上作家之路的開端。然後引導孩子認字、寫字。等到孩子能夠寫出一些東西的時候，就指點他們在自己的作品上簽上姓名和日期，或是為作品做上封面，這樣都能激發孩子對文學的興趣，也有利於孩子對作家身分的自我認同。

在生活中，我們可以鼓勵孩子為搭建的玩具高速公路寫路標和廣告詞；在扮家酒遊戲中，我們可以鼓勵孩子為遊戲中的商店寫促銷的標語；當孩子們拍手唱歌謠時，我們可以鼓勵孩子將歌詞寫下來；還可以鼓勵孩子給親戚朋友寫生日和節日賀卡。

在教導孩子寫作的時候，父母要有極大的耐心，在鼓勵孩子的同時，幫助孩子發現寫作中的技巧，引導孩子發現寫作中的細節，因為細節和技巧對於寫作來說是重要而又不容易掌握的。

等孩子掌握了一定的寫作技巧並且有一定的寫作能力後，父母可以鼓勵孩子寫出一些作品投稿，這對於孩子來說是會有很大的鼓舞的。

自制力：孩子幸福的根基

> 能控制住自己的人，才能掌握自己的命運。
>
> ——黃嘉俊

自制力是每個孩子都應該具有的美德，有這樣一句話：幸福的人並不是隨意支配金錢的人，而是能隨意支配自己的人。這句話充分說明了自制力對於一個人來說是多麼的重要。

自制力是幸福的保障

十四世紀，有個叫羅奈爾得三世的貴族，他是祖傳封地的正統公爵，但是他的弟弟將他推翻了，並且把他關入了牢房中，命人將牢房的門改得比以前狹窄了些。羅奈爾得身高體胖，出不了牢門，弟弟承諾如果他能減肥並且可以自己從牢門中走出去，就獲得自由，也會將爵位歸還給他。但是羅奈爾得的自制力很差，沒有辦法抵禦弟弟派人送來的美食，結果，不但沒有瘦下去反而更胖了。

一個沒有自制力的人就像是關在牢獄中的囚犯。人的意志和思想並不是與生俱來的，也要靠後天的培養和鍛鍊來提升。維妮後天所表現出來的控制自己吃糖的習慣；堅持自己讀書的習慣；控制自己情緒的能力以及多年以來堅持詞源學的學習等都並非先天形成的，這些方面所表現出的超強的自制力都得益於從小我們對她進行的意志力的培養。通常情況下，父母會在孩子在某方面獲得成功的時候給予讚美和鼓勵，但是對於孩子在這個方面的奮鬥過程中的自制力和努力視而不見。

我很看重維妮在做事過程中的努力，無論結果如何，我都會對她克服困難的精神給予鼓勵，有些時候，可能維妮做一件事不能成功，想要放棄，但是我會鼓勵她「再試試看」、「想想有沒有更好的解決辦法」。

自制力強的孩子能夠支配自己的情緒和行動能力，是意志心態的重要能動力。生活當中，父母要鼓勵孩子做好每一件事，鼓勵孩子做事善始善終，孩子的自制力就會在父母的鼓勵聲中健全發展。

一個人的成功與否，與自制力的關係是很密切的。孩子擁有自制力就是未來幸福的保障。那些情緒不穩定、容易衝動、缺少自制力的人很難將事情進行到底，容易半途而廢，更不用說做事成功了。父母想要培養孩子的自制力，首先要控制好自己的行為舉止，做事有頭有尾，才能幫助孩子建立自制力。

溺愛會毀掉孩子的自制力

我們經常會看到一些孩子，他們脾氣暴躁，經常隨意的發洩著自己的不滿，任性，不去顧及他人的感受。很明顯，這是父母對於他們的孩子放任自如的結果，他們只是忙著賺錢而忽視了對孩子的教育工作，只是一味的孩子要什麼家長就給什麼，完全不顧及孩子的感受也不去觀察孩子的言行。這些家長溺愛孩子，沒有為他們引導正確的成長方向，導致這些孩子被「寵壞」。

父母愛孩子沒有錯，錯的是在愛的過程中沒有教育。沒錯，有時候父母對孩子

的愛是自然而然就流露出來的，他們對孩子的幫助也是情不自禁的，但是，這並不代表著就是為孩子好，很可能會毀掉孩子的自制力。

我曾親眼目睹孩子摔倒後母親立刻撲過去將孩子扶起，反覆詢問孩子有沒有摔痛的情形，在這個過程中，孩子就會縱容自己。但是聰明的母親卻不會這樣做，她會第一時間鼓勵孩子要面對痛苦，要像騎士一樣勇敢，時刻保持著風度，自己站起來。

要知道，總是一味的宣洩自己情緒的孩子是長不大的，即使他們在年齡上和身體上已經成長為一位男士或一名女士，但是他們的心靈仍舊是不成熟的，他們無法控制自己的言行，一生都在尋找著依靠，對周圍的人只懂得依靠，自己的生活經常是一團糟。

提升自制力的方法

孩子通常不明白什麼是自制力，自制力也比較差，也不懂什麼是自我控制。所以，對孩子自制力的訓練越早越好。

透過「紳士和淑女的聚會」能夠培養孩子忍受疼痛、不退縮、奮勇向前的精神，能夠鍛鍊他們的意志力和自制力。在這個活動中，孩子們必須遵守「紳士和淑女條例」不管在什麼情況下都要盡量使自己表現得溫柔體貼、大方得體，要學會克制自己，不能亂發脾氣、指使他人，也不能用尖酸刻薄的話同別人交談或是放縱自己吃零食。

身為紳士和淑女，要時刻保持微笑，行為舉止要彬彬有禮。參加這個聚會的孩子為了獲得「紳士身分」或「淑女身分」會努力讓自己表現的更加完美，在這個活動中他們會主動控制自己的小脾氣和饞嘴習慣，直到能控制住自己的言行和思想為止。在聚會的過程中，如果有人沒管好自己，就會受到相對的懲罰，剝奪「紳士」和「淑女」的身分，成為僕人。這個方法能夠非常有效的提升孩子們的自制力。

還有一個叫「延遲幸福」的提升孩子自制力的方法。將兩個盤子擺在孩子的面前，並且在盤子中放一些糖果，其中一個盤子中的糖果要多一些。如果孩子們能夠堅持一刻鐘不去動盤子中的糖果，就能夠得到多的那一盤糖果，否則的話，得到的就是少的那一盤。最初訓練的時候，孩子們會情不自禁的在幾分鐘之內去拿盤子裡面的糖果，結果，他們只能得到糖果比較少的盤子。時間久了，孩子們就明白只有忍耐才能得到得更多，自制力也就跟著提升上去了。

堅韌：堅韌的性格也要透過後天的培養

生活就像海洋，只有意志堅強的人，才能到達彼岸。

——馬克思

很多父母都希望自己的孩子堅韌不拔，有面對挫折、失敗的勇氣和精神，但是卻不注重對孩子堅韌性的培養，只是認為這一切都是孩子與生俱來的，其實，堅韌性也是透過後天的培養獲得的。

讓孩子感受到突破困難的喜悅

維妮在很小的時候就有獨自解決問題的好習慣，每當她遇到困難，就會說：「讓我自己來解決，我想我一定能做好。」維妮通常會走到自己的房間去尋找正確的解決方法，如果嘗試過後失敗了，她還會選擇其他的方法堅持新一輪的嘗試，反覆嘗試直到找到成功的方法。維妮非常享受那種在不懈努力、不斷嘗試的過程中所獲得的成功的喜悅。這份喜悅是非常有價值、有意義的。

維妮在解決問題後，會將解決問題的過程向我們複述出來：她遇到是什麼樣的困難，怎麼遇到的困難，是怎麼想的，連續的幾次失敗原因是什麼，最後又是怎麼發現問題的關鍵點、開啟成功之門的。我和丈夫都是非常願意傾聽維妮的敘述的，也樂於與她分享戰勝困難的喜悅，這種分享更加堅定了維妮克服困難的信心。

在不斷的磨練當中，維妮的毅力和獨立解決問題的能力都得到了很大的提升，她習慣了自己獨立去解決問題，不像其他孩子那樣遇到事情就向父母求助。維妮的這種品格為以後的人生道路打下了堅實的基礎，也為她今後的成就創造了優越的條件。

我們要大膽的放開孩子的雙手，讓孩子充分展示自己，哪怕迎來的是失敗，也要讓孩子勇敢的去面對、去挑戰，我們也要對孩子充滿信心。如果我們發現自己的孩子膽怯，過度的依賴父母，沒有勇氣也沒有堅韌的毅力，就要有意識的為孩子創造鍛鍊的機會，還要不斷的鼓勵孩子完成整件事情。

培養孩子勇於爭取的品格

維妮的成長環境比較好，雖然我不能給她創造貧窮的環境讓她飽受磨練，但是

我有責任和義務讓她明白如今的生活來之不易，培養她的節儉意識。維妮能夠感受到我對她的愛，願意將世界上最好的東西提供給她，這種意識讓她有安全感，對於她在情感上的健康成長來說是非常有必要的。但是，我要讓她明白我對她的愛是要受到尊重的，當我殫精竭慮的為她創造良好的發展空間的時候，她也要積極的探索，勇敢的去爭取。

維妮的成長過程中，我無時無刻不在提醒她要竭盡全力去爭取機會，讓她明白機會的可貴。我們都知道，成功人士往往善於抓住機會、利用機會。給孩子提供機會的確很重要，教育他懂得珍惜機會更重要。

母親，是陪伴孩子時間最長的人，要在日常的生活中有意識的培養孩子勇於爭取的品德。如果我們只是一味的給孩子機會而不讓他明白機會的可貴之處，他很可能就會放棄機會。

在維妮學習法語的時候，有一位非常好的法語教授，他的教學方法與自然教育非常接近，那就是透過遊戲來教孩子們學習語言。但是教授很忙，維妮便主動給教授寫了一封信，信中表達了自己的意願，在教授還未回信的時候又再次致信，希望教授能夠接受她這個小弟子。那位教授非常喜歡小維妮，對於她的主動爭取機會、敢於表露心聲的品格表示讚賞，維妮如願以償的跟著這位教授學習法語，而且成了教授的小幫手。

維妮雖然善於爭取，但是與她謙遜的品格並不衝突，她在很多的場合都表現得很隨和、低調，總是將機會讓給其他孩子，對於維妮來說，爭取應該得到的機會和過於表現自我是兩回事，有著完全不同的意義。

堅韌性並非與生俱來，要靠後天的培養

經常將「我不行」掛在嘴邊的孩子是不可能獲得成功的，我們應當為孩子灌輸勇敢和積極進取的觀念，要告訴他們偉大的人是如何面對生活困境咬緊牙關堅持奮鬥的。

維妮從小就是個要強的孩子，即使只有四五歲，做事的時候也會要求盡量做到完美的境界，這是她和其他孩子明顯不同的地方。通常來說，孩子們都比較貪玩，只要能獨立完成某件事就已經很不錯了，更別說主動要求將事情做到超出自己能力以外的範圍。

可維妮卻不是這樣的，她不但會按照要求去認真完成每一件事情，而且，還會

想辦法將事情做得更好。維妮在沙堆上建造的荷蘭山莊就讓我感受到了她的堅韌與執著，她那種不達目的誓不甘休的態度讓我感到震驚。她那虛擬的荷蘭村莊工程是很浩大的，上面有小橋、河流、山、風車、花園、乳牛、鬱金香、形態各異的荷蘭人，為了展現荷蘭人服裝的特色，我們又買又做，還弄了十八條裙子，維妮做事一絲不苟，而且要求完美，所有的細節都盡力做得完美，執著的搭建了一個荷蘭山莊。而我所做的事情就是不斷的對她給予鼓勵。

然而，這種堅韌的品格並不是與生俱來的，後天的培養也很重要，孩子的這種品格在嬰兒階段就開始萌發，之後，父母會成為孩子的榜樣，孩子會透過模仿父母來完善自身的行為。所以，父母要用自己的一言一行去影響孩子，將自己勇敢的行為和堅韌的品格在無形當中灌輸到孩子的意識裡。訓練孩子的堅韌與毅力是非常重要的，需要父母足夠的耐心。

在教育維妮的過程中，我一直很有耐心，每個字母、每個單字到每個遊戲都要重複幾十遍。孩子在剛剛學會走路的時候是不可能立刻學會奔跑的，剛剛學會認識樂譜的孩子也不可能彈出動聽的樂曲，一切都需要堅韌的心才能收穫成果。

維妮非常喜歡戶外活動，比如體育運動或遊戲，所以，維妮的身體非常健康。

我經常鼓勵孩子們參加各種體育運動，能夠讓孩子更加勇敢。維妮喜歡閱讀一些故事，並且從這些故事中學到勇敢的精神。每當書中或電影中的人物表現得很勇敢的時候，我就表現出敬佩和讚美，讓她感覺到這種品格是備受推崇的。維妮經常演講或表演，但不會表現出怯場或產生害怕的心理，我會及時的對她所表現出的勇敢給予鼓勵。

在安全範圍內鼓勵孩子

如果父母在遇到困難或危險的時候表現得很害怕，那麼培養出的孩子也會比較怯懦，很難具有勇敢的精神。父母要為孩子劃出安全底線，讓孩子在安全範圍內勇於嘗試，只要孩子遵守一定的安全規則，不逾越安全底線，通常情況下就是安全的。

如果父母只為求得保險而對孩子加倍保護，孩子就會缺乏勇氣。不要過度溺愛孩子，會讓孩子覺得很茫然，面對事情覺得舉手無措；在孩子受到傷害的時候應該給予安慰，但是不能過度安慰，會讓孩子失去再次嘗試的勇氣。正確的做法應該是及時轉移孩子的注意力，並且鼓勵孩子繼續努力、繼續嘗試。

還有一些父母，為了制約孩子，會給他們灌輸一些恐怖故事、諸如神的懲罰，

經常用恐怖故事來嚇唬孩子會讓孩子變得更加膽小，會導致他們成為膽小怕事、逃避責任的人，這並不是教育的目的。我們的教育應當讓孩子成為堅強、健康、快樂的人，而恐怖故事不能達到這個效果，孩子們也並不會在恐怖故事的薰陶下變得更聽話。

責任心：讓孩子為自己所做的事負責

> 每一個人都應該有這樣的信心：人所能負的責任，我必能負；人所不能負的責任，我亦能負。如此，你才能磨練自己，求得更高的知識而進入更高的境界。
>
> ——林肯

在早期教育中，很父母只注重培養孩子的智力和某種技能，而忽略了像責任心等重要品格的培養。

讓孩子擔當「助手」角色，增強孩子的責任感

為了讓維妮從小形成責任感，不管是在家中還是與別的小朋友一起時，我都會有意識的讓她充當一些有意義的角色，讓她覺得自己的行為對其他朋友來說是有一定影響的，同時也增強了她的自信心。

有一年復活節，很多朋友來家裡做客，每個人進進出出、忙忙碌碌為宴會做準備。維妮也在廚房和客廳之間穿梭，想要幫忙，但是大人們都有自己的思維習慣，認為孩子不應該做什麼，只會添麻煩，維妮只好悶悶不樂的坐在樓梯上發呆。看到維妮這樣，我便叫她到廚房來幫忙，維妮就負責烤蛋糕，具體工作就是將廚師調好的麵包推進烤爐，等麵包烤好了及時的通知廚師取出蛋糕，再進行新一輪的蛋糕烘焙工作。雖然工作很簡單，但是維妮非常負責，也很開心。後來，我又讓她負責擺鮮花、擺餐具，她做的都很不錯。

讓孩子承擔一定的責任就是培養孩子責任心最好的方法。在很多事情上，我都會讓維妮充當我的助手，幫我做一些她能做到的事情，進而鍛鍊她的責任感，我會給她分配一些和她年齡相當的任務，比如清潔打掃、澆花等，維妮都會很有責任心的完成。

在自然教育學校裡，維妮也會承擔一些工作，她會主動編寫一些歌謠給其他的孩子，也會幫助其他小朋友尋找問題的答案，或是教他們一些外語。這些任務都讓維妮感受到了自己的責任所在。維妮在擔當「助手」這個角色的過程當中，逐漸成為了一個獨立而充滿責任心的孩子。

家對於孩子來說是很重要的，培養孩子的責任感要從家入手，讓孩子擔當家中的小助手，放開孩子的雙手，給孩子權利，讓孩子做主，讓孩子能體會到對家中的責任感。當我生病的時候，維妮就會主動承擔更多的責任，而且每天都滿懷信心的工作。家中的很多事情我們都會讓維妮參與，聽取她的一些建議，對於她所提出來的好的建議和想法我們都會積極的採納並予以表揚和鼓勵。

和孩子一起做

孩子在成長的過程中，父母的影響是很大的，為了培養維妮的良好品德，我必須處理好自己的一言一行來做好榜樣的工作，所有的事情我都會謹慎處理，和維妮一起努力。

如果我要求自己在某天完成多少量的文字工作，就會為我所宣布的最後期限負責，不管出現了什麼情況，都不會為自己找藉口，也不會破壞自己的承諾，而是盡力的去完成，維妮也會對自己所履行的承諾負責。

在培養孩子責任心的問題上，我始終堅持兩個原則，一是無論發生了什麼，我都不會去強求孩子，而是讓孩子主動承擔責任，自己做出承諾；二是我會盡力做好生活中的每一件事情，以身作則。如果父母不以身作則，只是一味的要求孩子做著做那，孩子是很難做好的。雖然我從來沒有強迫過維妮做什麼，但是我的言行在潛移默化的影響著她，維妮在不知不覺中形成了獨立自主的意識和很強的責任心。

讓孩子對自己的言行負責

培養孩子的責任感，就要讓孩子勇敢的對自己的言行負責，不管犯的是什麼錯，也應具備承擔責任的能力，要勇於面對，不能讓他逃避責任或推卸責任。在培養維妮責任心的過程中，我會讓她知道，無論她年齡多小，都應該為自己所做的事情負責。

有一次，維妮將自己喜愛的布娃娃丟在了草坪上，跑到別處玩了。有一隻狗將布娃娃叼走撕壞了。維妮拿著壞掉的布娃娃哭著找到我，希望得到我的同情。我將

她攬入懷中，等到她的情緒平靜後，我告訴她，布娃娃是她自己丟的，將自己喜歡的布娃娃丟在草坪上是不負責任的表現。我給她做了個比喻，畫了一幅畫，畫中是一個可愛的小女孩不小心被媽媽丟到了一個有獅子和老虎的地方。透過這種方式，維妮明白了，一切後果都是因為她自己缺乏責任心造成的。

英國的父母基本上都是愛孩子的典範。雖然他們對孩子的愛表現在各方各面，但是他們絕對不會溺愛孩子。

一個英國的母親為自己的小女兒買了一隻會學貓和狗叫的小鬧鐘。女孩的探索欲望很強，她想要弄明白鬧鐘裡面的祕密，就將鬧鐘拆開了，但是不能組裝回原來的樣子，急的大哭。這時候，媽媽走過來，平靜的對女孩說：「是你將鬧鐘弄壞的，可以自己把它修好，如果需要幫忙，可以找媽媽。」女孩真的就動手修起鬧鐘來。雖然她沒有將鬧鐘修好，但是在這個修鬧鐘的過程中她得到了很多的體驗和鍛鍊，同時明白必須對自己的行為負責。

平時在家裡，我和女兒會進行平等的交流，其實，這也是培養她責任心的一種表現，在這個過程中我會用心傾聽她的感受、心聲，也會向她談及一些自己的喜怒哀樂。我們應當允許孩子犯錯誤，但我不能允許孩子推卸責任，更不能幫著孩子找逃避責任的理由。

如果維妮犯了錯誤，只要她勇於承認，我就會原諒她，而且還會對她的勇於負責的精神給予讚揚。孩子每次犯錯誤都勇於承擔責任會讓她進一步自我完善，也會讓孩子更成熟一點。

在對維妮的教育過程中，我從來沒有打過她，在教育孩子的過程中，是不能使用棍棒的。我會嘗試著讓孩子知道，做錯了事情就要承擔相對的後果，就像成年人違背了法律要接受制裁一樣。

禮儀：禮儀是美好心靈的外在表現

禮儀是在他的一切別種美德之上加上一層藻飾，使它們對他具有效用，去為他獲得一切和他接近的人的尊重與好感。

——洛克

良好的舉止是美好心靈的外部提醒，那些行為粗野的人往往也是無知或思想邪

惡、精神緊張的展現者。賈斯特．菲爾伯爵認為：「舉止教育至少應占兒童教育的一半，而且舉止不止所謂的禮貌和簡單的規矩，也應該包含習慣的訓練，如誠實、毅力、勤奮和自尊。」良好的禮儀，還需要美好的內在精神的支持。

禮儀教育能讓孩子的生活更加融洽

透過對孩子的禮儀教育能夠讓孩子懂得生活中待人接物的方式方法。從進餐禮儀、儀表儀態、行走禮儀、交往禮儀等各個方面對我們的孩子進行禮儀教育。在教育維妮的過程中，透過自己的言行來影響她，讓她學會了謙讓、謙遜的品格，使得維妮在生活中、遊戲中都非常受歡迎。孩子應該懂得如何稱呼別人、問候他人，也應該懂得用什麼樣的方式能夠更禮貌的和別人進行交談。懂得這些禮儀才能與人相處的更加融洽，不至於受到他人的嘲笑。

禮儀對於孩子的道德教育是有幫助的

透過對孩子進行禮儀教育，能夠讓孩子學會尊重他人，團結友愛，禮貌待人，也會規範孩子的言行舉止，在這個過程中，孩子的自律能力會提高；在孩子謙讓其他小朋友的時候，他那謙讓的品格就會日漸增強；在孩子幫助其他人、為他人的利益著想時，他那善良、樂於助人的品格就會展現出來；當孩子吃飯嚴格要求自己的吃飯的速度和吃飯禮儀時，他的自制力又提升了一大截……孩子在幼兒階段，個性和品性都處於發展的重要時期，對於人格的塑造會有很大的影響，對於孩子將來的發展也會產生深遠的影響。

禮儀教育能讓孩子登上大雅之堂

如果孩子受過良好的禮儀教育，那麼在一些正式的場合上就不會怯場，會表現得大方得體，說話、舉止都能夠吸引別人的目光。而如果一個孩子沒有接受過任何禮儀教育或僅僅接受了一點禮儀教育，在比較正規的場合中很可能會面紅耳赤、結結巴巴，不知道該說什麼話，也不知道怎麼和別人打招呼，甚至不知道怎麼去吃食物。

對孩子的禮儀教育勢在必行

對孩子進行的禮儀教育要有目的、有計畫，在教育的過程中要充分的利於學校、社會和家庭三個大環境，根據孩子的特點和實際情況進行禮儀教育。

首先要從生活中的點點滴滴對孩子進行禮儀的教育，比如舉止、表情、服飾等，還要注意公共場合的禮儀、個人禮儀、待人接客的禮儀、餐桌禮儀、文明交往禮儀等，要讓孩子用禮貌的語言與人進行溝通。

角色扮演是非常好的教授孩子們禮儀的方法，孩子們都喜歡這種遊戲，透過扮演故事書中的公主來學習公主的禮儀，透過扮演王子來學習王子的禮儀等，透過角色扮演，能夠讓孩子很容易體會到人物的情感，並且從中學習到一些經驗。

孩子們還會透過玩買賣遊戲來進行溝通和交流，在交流的過程中要用文明的語言禮貌的舉止，在這個過程中鍛鍊的了孩子的品行、素養和禮儀。

在學校的教育中，老師要教導孩子如果跟別的小朋友借東西要說「謝謝」，小朋友之間見面時要互相問候等。

如果孩子從小就彬彬有禮，那麼長大之後，他就會厭惡那些粗俗、沒有禮貌的言行；而如果孩子在小的時候沒能形成良好的禮儀，長大之後那些不禮貌的行為就很難改變了。

有時候，孩子不講禮儀是有原因的

有時候，孩子沒有注重禮儀可能是由於在交際上存在擔憂的心理，並不是真的不在乎禮儀，無視禮儀。在這一點上，父母要包容孩子，幫助孩子排除心理障礙，讓孩子明白尊重他人和尊重自己同樣重要。

有一次，我帶著維妮去散步，路上遇到了三個小女孩，她們是窮人家的孩子，穿著很破爛，但卻很快樂。三個小孩像維妮打招呼，並稱她為「漂亮的女孩」，但是維妮就像沒聽見，什麼也沒說。我的維妮一向很禮貌，今天為什麼會這樣啊，於是我就問她為什麼不回應三個女孩，並且告訴她這樣很失禮。可是維妮卻解釋說她們想要捉弄她，如果她回應她們就會嘲笑她說維妮自以為漂亮，實際不過是個醜小鴨。原來是這樣，維妮在心裡樹立了假敵，不敢去親近朋友。於是我告訴她，那些孩子很善良，是你的朋友，不會取笑你的，去和她們說「你好」吧。

自尊：自我尊重的孩子才會被尊重

如果不去加強並開發兒童的個人自尊感，就不能形成他的道德面貌。……教育的全部訣竅就在於抓住兒童的這種上進心，這種道德上的自勉。

——蘇霍姆林斯基

自尊心對於一個人的成長來說是非常重要的，如果沒有了自尊心，道德底線就會被擊破，人類的道德素養也就不存在了。

孩子的心靈是敏銳、脆弱的，不要經常拿自己的孩子和別人家的孩子比較，指責自己的孩子在某些方面不如人家的孩子，這樣做會傷害孩子的自尊心。父母要呵護孩子的自尊、理解孩子，孩子才能感受到什麼是真正的自尊，才能有自信。如果總是認為孩子什麼都不懂，一味的去批評、指責他，就會損害他的自尊心，孩子就會自卑、怯懦、緊張，甚至會出現憎恨、敵對的心理。所以保護好孩子的自尊心就是在保護孩子。

有太多的方法會導致孩子喪失自尊心，但是重建自尊卻是一個漫長的過程，所以，父母要選擇正確的方法、端正自己的態度來對孩子進行教育。

對孩子要平等

我們如果想培養孩子的自尊心，首先就要信任孩子，無論是成人還是小孩，都希望自己被看重，嚴厲的管束會讓孩子的自尊心受到嚴重的傷害。有些父母就喜歡用嚴格的教育方式來教育自己的孩子，也不是不可以，只不過，嚴格應該有度，就是以不傷害孩子的自尊心為底限。因為當孩子的自尊心受到傷害的時候，他很可能會成為一個懦夫、逃避責任的人。我非常注重保護維妮的自尊心，平等的對待她，平等的和她說話。

有一位父親，他非常愛自己的孩子，他們家的家境富裕，在衣、食、住、行上都盡量為孩子著想，創造最好的條件。但是，他卻忽略了對孩子自尊心的培養，始終將孩子當成是不懂事、沒有自主意識的人，所有的事情都武斷的為孩子做主，從來都不信任、鼓勵孩子。平時的時候，既不允許孩子做這個也不允許孩子做那個，還會監視孩子的言行舉止並且加以限制。在父親的壓力下，孩子逐漸的喪失了信心，覺得自己是個沒有用的人，永遠都只會犯錯誤，這個孩子的自尊心嚴重受損，

很難恢復。

家庭應當是孩子成長的樂園，但是嚴格、冷酷的環境會導致孩子的健康成長出現障礙。樂園雖然不意味著放縱，但是過於嚴格的環境會讓孩子變得膽怯、喘不過氣來。家庭中應當注重禮節，充滿歡樂和溫馨的氣氛。建造家庭樂園是為人父母的責任和義務。對於孩子來說，家是世界上最美好的地方，應當平等的對待孩子。

孩子的自尊心需要呵護

很多時候，父母對孩子自尊心的傷害是無意的，真的很令人心痛。如果父母不能意識到孩子有自尊心，一定會在很多情況下不經意的碰觸孩子的自尊。有些父母的自尊心比較重，當孩子出現叛逆心理的時候，就會大發雷霆。孩子因為一件小事沒有做好，父母就會責備孩子愚鈍；孩子有些膽小怕事，父母就會責備孩子說孩子是膽小鬼；孩子偶爾有些小的失誤，父母就會喋喋不休將這件事掛在嘴邊。生活中不尊重孩子的隱私，也不去呵護孩子的自尊心、自信心，甚至有意無意的傷害孩子的自尊心的現象都是很常見的。

從維妮出生到現在，我從來沒有用那種不負責任的態度對待過她，我愛我的小維妮，所以不想讓她受到任何傷害。維妮和其他小朋友玩樂的時候，如果因為自己跑不過其他小朋友而沮喪，我就會想辦法呵護她、安慰她、鼓勵她。

有一次，自然教育學校組織春遊，大家都穿著輕便的春裝，而維妮卻執意穿上了那件她覺得更好看的綠色大衣，雖然我建議她穿春裝，但是她執拗的拒絕了我。天氣非常溫暖，維妮因為穿著厚重的綠大衣而滿頭大汗，玩得不是很開心，希望我帶她回家。我便很隨意的對她說：「春天的天氣很舒服，維妮，如果想和其他小朋友那樣穿著春裝玩的話，我正好帶了一件，現在換上，好不好？」維妮非常高興的採納了我的建議。

如果我當時強迫維妮換上春裝或是責備她考慮不周全，就會傷害到她的自尊心，也會讓她更加固執，即使知道我的選擇是正確的也不會接受，玩的也不會愉快。我這樣做，既考慮到了維妮的自尊也讓她享受到了美好的春光。很多時候，父母會在孩子面前展示自己的權威性，隨意的要求、打罵、命令孩子，這些行為都會傷害到孩子的自尊心。父母是孩子成長道路上的啟蒙老師，也是孩子在這個世界上最信任的人，愛孩子是父母的天職，父母要善於觀察和揣摩孩子的心理，對他們進行有針對性的說服教育、鼓勵、呵護，處處都要為孩子的自尊心著想。

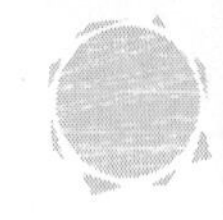

孩子的自尊要建立在客觀基礎上

外貌的美與醜不是我們自己能決定的，它是上帝饋贈給少數人的禮物，但是自尊，卻是每個人都能掌控的。沒有自尊是不可以的，可也並不提倡盲目的自尊。

有些孩子受到的讚揚太多、保護太多，導致自己無法承受挫折和失敗，一旦遭遇批評，就會變得脆弱、敏感，不能夠擔負起責任；一旦遇到比自己優秀的孩子，那顆幼小的心靈就會產生嫉妒之火，甚至會出現心靈的扭曲。

其實，這是因為孩子將驕傲自大歸類到了自尊方面，這種錯誤的想法會讓孩子變得不可理喻、不切實際、尖酸刻薄。所以，要讓孩子擁有自尊一定要建立在客觀的基礎上，應當讓孩子正確的認識自己、認識他人。

父母應當將自己對孩子的鼓勵、讚美的語言在適當的場合下以適度的方式說出來，父母對孩子自尊的培養要建立在正確的觀念上，這樣的自尊才值得別人尊重，孩子也能在正確的自尊中意識到自己的不足之處。

誠實：讓孩子受用一生的品格

走正直誠實的生活道路，必定會有一個問心無愧的歸宿。

——高爾基

在對孩子的教育過程中，誠實勇敢永遠是必修課。奧利弗．溫德爾．霍姆斯曾經說過：「罪惡擁有許多工具，但謊言是所有罪惡的凶手。」可見。將孩子培養成正直、誠實的人是非常重要的，也是父母應盡的責任。

沒有謊言節日

維妮兩歲的時候，有一天她的父親鄭重的將她叫了過去，對她說：「今天是一個偉大的日子，叫做誠實節。」然後，他認真的為維妮詳細的講述了節日的由來。這個節日是為了紀念一個誠實、勇敢、正直、拒絕說謊的叫做埃默紐的孩子。人們為了記住這個孩子的誠實、傳播這個孩子誠實的精神而為這個孩子建造了一塊紀念碑和一座雕塑。紀念碑上鐫刻著：「懷念為真理而現身的人，願他在天堂永生。」以埃默

紐死去的那天定為「誠實節」或「不說謊紀念日」。

這個故事對於維妮的影響很大，給她留下了很深刻的印象，培養了維妮誠實守信的美德，也是人與人交往的基本要求。不守信的人是不能取信於人的，也是不受歡迎的，因此，父母一定要教育孩子誠實守信的美德。

要辨別孩子的可愛謊言

其實，所有的孩子都有說謊的習慣，那些謊言可能只是他們過度誇張的表達。維妮就經常會蹦出一句諸如「比臉盆還大的西瓜」之類的話，不過，這句「謊話」顯然是沒有危害的，還會令我們的生活充滿了趣味，所以我稱這類謊言為「可愛的謊言」。這種謊言只要孩子用的得當就是可以的，父母不必約束，也可以增強孩子的想像力。

孩子有的時候會將自己的幻想、願望和現實混在一起，他們的想像力豐富，所以，說話經常是摸不著邊的，我們要尊重孩子的世界。如果孩子在從公園回家的路上對你說他看到了獨角獸，不要責備孩子，他只是還不能將真實的和虛假的分開，不是故意想要騙你。孩子在說這些可愛的謊言的時候往往是無意識、不自覺的，和品德沒有關係，不要因此而對孩子的品行進行判斷，要尊重孩子的表達方式。

孩子有幻想是很正常的，我們不應該壓制孩子的幻想，孩子的世界應該有童話，也可以相信童話中的人物，可以相信會飛的神仙、小女巫，但是要讓孩子懂得人是不能飛的，即使插上翅膀也不行。

有一次，有人為維妮織了一條紅圍巾，維妮非常喜歡，但是在戴上圍巾後維妮的皮膚被刺痛了，後來維妮就將這條圍巾放到了她的禮物盒中。當我們再次和送圍巾的人相見時維妮毫不猶豫的告訴那個人說圍巾很不好，使得送圍巾的人有些尷尬。

透過這件事，我明白「善意的謊言」是很必要的，我們的世界的美好離不開這些美麗的謊言的加入，它們可以讓一些事情平淡過去，讓一些風波退去，也可以讓人與人之間的關係更加融洽。童言是無忌的，但是有時候過於坦率、講實話也會給維妮帶來很多的麻煩，有時候，孩子也要懂得講一些善意的謊言。

但是，當孩子還不能區分「善意的謊言」和「邪惡的謊言」時，我們就要告訴孩子，如果他的回答會傷害到別人，要換一種表達的方式。

不能強迫孩子坦白

父母不能因為孩子撒了謊就強迫孩子承認錯誤，要妥善的處理，充分了解孩子的想法，然後找出孩子說謊的原因，消除孩子說謊的動機，鼓勵孩子誠實的生活。

你可以告訴他為什麼要說出真相，讓他明白你不想聽那些藉口。千萬不要誘騙孩子說出真相，也不能強迫孩子老實交代，可以給他講述誠實待人的道理，不要一味的斥責孩子說謊。如果父母想要培養出一個誠實守信的孩子，就要與孩子建立彼此之間的信任。如果發現孩子說謊，也不要因此而結束了對孩子的信任，一句謊言是可以被寬恕的。但是，如果將謊言繼續下去，就會失去父母的信任。

我對維妮就會表現出足夠的信任，當然了，維妮也很珍惜我的信任，很願意誠實的生活。如果你已經知道孩子在說謊，就不要一再的追問他了。也許父母的追問只是希望給孩子一次說實話的機會，結果孩子反而又說了一次謊。孩子在說過謊話的時候會很害怕，也會因此而逃避，就會再撒一個新的謊。雖然這時候父母不知道真相，但是能夠肯定孩子說的仍舊是謊話，既然這樣，就不要再對孩子進行追問了。

你對孩子的斥責以及對誠實的長篇大論都不會引起孩子的注意，懲罰可能也不能讓孩子意識到問題出在哪裡，而且，他也不願意讓你知道他搗蛋的事情了。所以，找到孩子行為的原因可能會達到更好的效果。

對孩子也要講誠信

在世界上的各個國家，誠信都被人們所重視，如果一個人想要有所成就，誠信是必不可少的品格。當我們的孩子愛說謊的時候，父母就要進行反思，看看自己是不是個愛說謊的人，可能有些謊話並沒有惡意，但是孩子卻將這些謊言認為是真正的謊話。父母對孩子要將誠信，不能欺騙孩子，否則的話會喪失孩子對父母的信任，也就不會再得到孩子的尊重。

有一次，我聽到一個媽媽對她的小兒子說：「如果你能將《巨人數學領域的探索》背下來我就獎勵你十美分。」小傢伙充滿了熱情的花了一個早上的時間將這首詩背了下來，滿懷希望的到母親身邊去背詩。而正在忙碌的母親卻表現得很不耐煩，說：「一邊玩去吧，我沒時間聽你背什麼詩。」可憐的孩子懊惱的離開了。以後，無論那位媽媽向孩子許諾什麼讓他去學東西，他都不會去學了，因為媽媽的承諾不能讓孩子信任。

如果你希望在孩子的幼小心靈中能奠定誠實的基礎，就要以身作則，為孩子樹立榜樣，如果父母說謊，孩子很可能也會學著父母說謊。父母對孩子的承諾不予以兌現，也會被孩子看作「騙人」。所以，想要讓孩子成為一個誠實的人，父母就要從小事上和孩子講誠信，不要隨便的找藉口。

記得有一次，我和維妮約好去樹林裡觀察蜘蛛，但是，那天突然下去了大雨。我正在猶豫要不要帶維妮去的時候，她突然走到我面前問我是不是可以出發了，她已經準備好了。最終，我還是帶著她去了。那天，我們打著雨傘在雨中觀察到了很多平時看不到的景象，有了很大的收穫。回來的時候，維妮高興的對我說一定要將蜘蛛如何避雨、如何在雨停後迅速結網的情景寫成童話。

我很慶幸那天我履行了自己的承諾，帶著維妮去了樹林裡。如果我找藉口不去了，不但會讓維妮失去觀察雨中蜘蛛的機會，還會讓她覺得約定好的事情是可以隨便找藉口搪塞的。

神話、童話：幫助孩子明辨是非

讀書時，我願在每一個美好思想的面前停留，就像在每一條真理面前停留一樣。

——愛默生

有人認為神話故事和童話故事是沒有價值的，把它當成騙人的把戲，不想把這些不真實的東西灌輸到孩子的大腦中，認為這樣會讓孩子分不清現實和幻想。但是在我看來，懂得神話童話故事的孩子和不懂神話、童話故事的孩子對自然界萬千景象的感觸是完全不同的，眼睛中閃爍的光芒也是不一樣的。

用神話故事幫助孩子區分善與惡

孩子們是缺乏社會經驗的，也不懂得善與惡，這就需要我們幫助他們來區分。我認為最好的方法就是透過給孩子講述神話故事來讓他們感悟什麼是善，什麼是惡，什麼是醜，什麼是美。

在維妮還不會說話的時候，我就給她講一些希臘、羅馬、北歐等國家的神話故事和傳說。等到維妮會說話以後，我們還會將童話中的情節演繹出來。

在講述這些神話故事的時候，我通常會帶有一些目的性，要讓她從這些神話故事中學會服從、自尊、溫柔、禮貌、真誠、勇敢、無私等。最重要的就是我要交給她自制力和自律性。

在下雨天，我會給維妮講述羅馬、斯堪納維亞和《聖經》中的故事。等到維妮熟悉了這些故事之後，就會用故事中的人物為自己的娃娃命名。有些時候，她會同宙斯、荷米斯、雅典娜等進行交談。這些神話故事當中的正義之神讓維妮由衷的敬佩、喜愛。她最喜歡的就是《希臘神話》中的普羅米修斯。並為自己的一個娃娃取名為普羅米修斯，在以後維妮演繹或構思故事的時候，這個娃娃就會擔任那些樂於助人、敢於承擔苦難的角色。神話故事對於維妮的引導作用是很大的，對維妮有很多的幫助。使得維妮在做事的時候能夠分清對與錯。

童話故事是陪伴孩子的天使

童話故事對孩子的吸引力是很大的，它也是孩子獲得智慧的源泉。將童話故事中的情景表演出來是非常有趣的事情，還會加深孩子對童話故事的理解，開發孩子的創造力。

我們在進行遊戲的時候，會選擇一些能夠調動孩子積極性、教育孩子向正確方向發展的童話故事。

維妮寫過一篇題目為《你相信童話嗎？》的文章，文章中寫道：

你相信童話嗎？噢，我可不能沒有童話中的朋友們！它們經常和我在一起，無論什麼時候都陪伴著我，當我在森林中散步的時候，我就會看到它們在灌木叢和樹林的後面向我微笑。……童話是我的好天使，當我睡著的時候，它們就會觀察我，在我的枕頭底下放上美麗的禮物；它們幫助我暢遊數學、幾何知識；它們從來不會讓我感到孤獨，如果我沒有別的玩伴，它們就會來陪伴我，陪我寫故事和小詩，給我靈感；當我不開心時，它們也會來幫助我。

從維妮的這篇文章中我能夠感覺得到童話使她獲得幸福了，而且我相信，童話會一直陪伴她的生活。

寓言總是很有道理

孩子在成長的過程中會有這樣或那樣的小毛病，甚至還會出現一些不良的行為，有的父母一旦發現這種現象就會對孩子進行打罵、批評、指責，我認為這種做法是不正確的。明智的教育方法應該是無論在什麼情況下都不能傷害孩子，要針對事情而不是針對孩子來解決問題。

有一次我和維妮出去買東西，當我們快走到家的時候，我突然發現維妮的手裡有一個蘋果。當時我非常奇怪，因為我們那天根本沒有買蘋果，那維妮手中的蘋果是哪來的呢？我仔細的回憶了一下購物的場景，我們曾經在一家水果店的門口停留過，很可能是維妮在別人不注意的時候拿的那個蘋果。這件事讓我大吃一驚，我想小維妮怎麼會做出這種事情，但是我並沒有對她大加指責，而是耐心的詢問她這個蘋果是怎麼來的，維妮也沒有隱瞞，她告訴我說看到這個蘋果很可愛，覺得肯定很好吃，就拿了回來。晚餐後，我將維妮叫到書房，盡量用和藹的目光看著她，耐心的給她講述了為什麼不能拿別人的東西，直到她意識到自己的錯誤。

透過我的教導，維妮表示以後不會再這樣做了，維妮每天晚上睡覺的時候我都會給她講一些故事，為了讓她明白這個道理，我給她講了一個我小時候聽過的故事：

很久以前，有個小男孩從小養成了偷東西的習慣。有一天，他趁著鄰居不注意就偷了他們家一個雞蛋，並且將它拿回了家。他的母親不但沒有責怪他反而讚揚了他，誇讚他能幹。從那以後，男孩就不僅僅偷一些小東西了，慢慢的見什麼偷什麼，每次偷到東西後母親都會誇讚他。等到男孩長大後就成了一個無惡不作的強盜，終於走到了絞架前，上絞架前，他要求和母親說句話，等到母親將耳朵湊到他的面前時，他就狠狠的咬掉了母親的耳朵，母親大哭，問兒子為什麼這樣做，強盜說：「如果你從我第一次偷東西就開始教訓我，我就不會有這個下場了。」

維妮透過這個故事更加明白了自己的過錯，她深深的體會到如果放任自己的這種做法後果的嚴重性。

知識：讓人謙遜，使人進步

對知識的渴求是人類的自然意向，任何頭腦健全的人都會為獲取知識而不

惜一切。

——塞繆爾．詹森

我們都知道知識對一個人的重要性，所以從小就會為孩子灌輸一些知識，透過不同的管道來豐富孩子的知識範圍，提高孩子的知識層面。知識能夠使人進步，讓人變得謙遜。

知識帶給維妮謙遜的品格

從維妮出生開始，我就用各種方法讓她自覺的去探索世界的奧祕。我承認為此付出了很多的努力，但結果也是比較令人滿意的。在維妮五歲的時候，所掌握的知識已經大大超過了同齡的小朋友，她能夠流利的運用多種語言，並且在報刊和雜誌上發表了一些詩歌和故事，還掌握了多種樂器的演奏技巧，在繪畫方面也表現出了相當的才能。

我相信維妮是孩子中表現得很優秀的那一個群體。在很多孩子賣弄自己的背誦能力、朗誦能力或是其他才能的時候，維妮卻表現得很低調，她並沒有向外人炫耀的傾向。當維妮和不懂拉丁語的孩子一起玩樂的時候，從來不會向這些孩子炫耀自己學過拉丁語。維妮的主日學校的老師也告訴我，她對維妮謙遜的品格留下了很深的印象，因為在回答問題的時候，她從來不會搶先回答，除非其他人都回答不了。這使我非常高興。

一個人應該因為知識的價值而熱愛知識，而不是為了炫耀自己知道的多而熱愛知識，一直以來，我都給維妮灌輸這樣的思想，她也確實沒有成為愛炫耀的人或是驕傲自滿的人。客觀的講，維妮確實擁有驕傲的資本，我還沒有遇到哪個小朋友比維妮掌握的知識更多，但是她從來不在其他小朋友面前展示自己有多了不起，反而在其他小朋友炫耀自己的時候，非常善意的成全他們。

在一次聚會上，我向所有的孩子諮詢蟬的成長過程，沒有人舉手回答。我便向維妮提問，因為我知道她熟讀法布爾的《昆蟲記》。但是維妮卻對我說：「噢，也許傑米知道關於蟬的事情。」於是她轉過頭來看著傑米，傑米便磕磕巴巴的說了一點關於幼蟲和蟬蛻的事情。接下來，我發現傑米一直挺起胸膛，似乎自己是個了不起的人物。聚會結束後，我便問維妮為什麼不回答問題，維妮卻說：「媽媽，既然能讓傑米感到高興，我為什麼還要回答呢？」

生活中愛炫耀的往往是那些知識匱乏的人，可能只掌握了知識的千分之一，卻好像自己知道了所有真理一樣拿出來炫耀，這樣的人是可憐的。「把別人當做傻瓜的人，自己恰恰就是傻瓜。」我非常贊同這個老寓言的結論。維妮所表現出來的謙遜品格並不是說教的結果，而是在她掌握了豐富的知識之後視野更加寬闊的結果。知識，本身就是一種讓人謙遜的力量。

知識使人進步

人類從最初的野蠻階段進化到今天的文明階段，與知識的關係是非常密切的。「知識使人進步」這句話是非常正確的。

在教育維妮學習各種知識的過程中就能夠體會到維妮一點一滴的進步。比如：在教維妮學習外語知識的同時也在教授她學習各個國家的風土人情，讓她對每個國家都有一些了解和認識，在最初的階段，只是透過圖片和影片是很難真正的了解一個國家的，但是學習語言後，透過語言的交流能夠更加深刻的了解這個國家的風情。

學習音樂過程中能夠淨化孩子的靈魂，透過學習音樂來體會生活中的美。如果沒有透過音樂的學習，也不懂得感受音樂，就很難從那動聽的聲音中感受到歡樂與熱情。

學習美術知識能夠讓孩子感受生活中的美，將自己的想像力充分的展示在紙張上，這是想像力進步的展現，也是人對美感認知方面的進步的展現。

學習數學知識能夠讓孩子從對周圍的事物有一定的數位概念、幾何概念，對事物能夠進行剖析，很多偉大的發明與數學、物理、化學知識是分不開的，透過學習這些知識才能更加深刻的對事物進行探索，對大自然的奧祕進行探索。

還有很多知識都展現了人類的進步。在日常生活中，我們向孩子傳授的一些知識都能夠讓孩子有所進步。即使是我們平時看的報紙、雜誌或是讀一些書籍，都能夠豐富我們的閱歷和知識層面，也是進步的展現。

感恩教育：讓孩子心中充滿愛

沒有愛，就沒有教育。

——蘇霍姆林斯基

要讓孩子有一顆感恩的心

感恩展現了人與人之間交往的準則，也是凝聚力的核心。在這個世界上，我們要感恩父母、親人、社會和大自然。感恩的心是道德教育的起源，所以要從幼小的孩子開始進行感恩教育。

當然了，感恩的心也不是透過說教就能夠培養起來的，它需要父母的引導，如果父母有一顆感恩的心，那麼孩子就很容易形成被這種氣氛所感染。

身為丈夫要感恩妻子，是她的無私奉獻才使得家庭更加美好溫馨；而身為妻子也要感恩丈夫組建了美好的家庭，為家庭奔波勞碌。對孩子要時刻充滿愛，但又不溺愛，如果家庭中充滿了愛，孩子就會在愛的氛圍下健康成長。

對於孩子來說，感恩應該是父母給孩子上的必修課。每個孩子在降臨到這個世上的時候都離不開父母的養育和教導，也離不開老師的教誨和朋友的關愛以及大自然賜予的一切。對於孩子來說，要時刻學會感恩，常懷感恩之心的人要心中裝著他人、社會和國家，不能一味的以自我為中心。

孩子不是天生的自我主義者

心理學家認為所有的孩子在青春期的時候都是自我主義者，他們會將自己置於一個為我獨尊的世界裡，要求所有的事情都按照自己的意願去執行，完全不理會他人的痛苦，也沒有同情和憐憫之心。

有位教師在冬天來臨的時候告訴孩子們要保暖，避免感冒，因為她的弟弟就是因為冬天在大雪地裡玩雪橇患上感冒而失去了生命。對於教師來說，這是一段非常痛苦的回憶，每當她說道弟弟感冒的時候就會熱淚盈眶。但是，孩子們並不在意她的感受，他們關心的只是雪地上跑來跑去的雪橇，有個小男孩甚至還要求教師帶他去看看那個好玩的雪橇。

為什麼孩子們會這樣冷漠，難道真的像心理學家說的那樣孩子們的心中只有自己嗎？我認為不是這樣的，如果父母從孩子小的時候就教育他為別人考慮、懂得感恩，那麼他長大之後就會關心別人，也會顧及別人的感受。

孩子對教師的忠言沒有感覺，不感謝教師的忠告不是孩子們的錯，而是早期對孩子教育不足。這種自我主義的現象並不是天生的，它是後天教育不足而對孩子們

產生的負面影響。

從生活的點滴中對孩子進行感恩教育

生活中的很多事會影響到孩子的行為舉止。父母在待人接物時要有禮貌、友好，表現出自己的關心和感謝。在給別人添麻煩的時候要道歉等。在看各種電視電影節目的時候，要對劇中的情節、做法給予評論，如果你說：「這個人可真是有善心啊，他真是個好人。」那麼孩子就會照著這個人的行為去做，想要成為一個善良、樂於助人的人，希望得到你的讚揚；如果你說：「這個人的靈魂充滿了邪惡，我真厭惡他。」孩子就會摒棄這種做法，完善自己的行為。

要讓孩子參加一些感恩活動。維妮就會經常和各地的小朋友進行交流，並且關心他們的生活狀況；還會舉行一些募捐儀式，為孤兒院的小朋友捐獻書籍、玩具等；她還會將自己做的手作送個養老院的老人……

這些都是感恩的心在引導著維妮的言行。當然了，這種行為也不是與生俱來的，我和丈夫會在日常的生活中嚴格要求自己的言行，並且會透過給她講述一些神話、寓言、童話來讓她理解助人為樂的重要性以及心地善良的人終究會有好報。對於她的善意的舉動我們都會給予鼓勵和支援，並不會去嘲笑或諷刺孩子。

其實，很多方面的教育都展現出了父母這個榜樣的重要性，如果父母在生活當中表現得有善良、樂於助人，那麼孩子就會有一顆感恩的心，反之，孩子就會漠視他人，以自我為中心，缺少對周圍人和物的愛。

曾經，我看到一個孩子將一個兩個月大的小狗倒著舉起來，那個小狗很可憐，我就問他為什麼這麼做，他不僅不感到羞愧，還覺得這是男子漢的作為，因為他的爸爸也是這樣做的。這個孩子的爸爸對家庭非常不負責任，經常流連於各種夜店，等到那個孩子長大後也和他一樣毫無責任心和感恩的心，成了一個花花公子。

千萬不能忽略掉父母對孩子的影響，也不要忽視自己的點滴行為，孩子很可能會模仿父母的行為，沒有人自甘墮落，也沒有人天生冷酷無情，一個人之所以變得毫無感情，就是沒有接受良好的教育。

內在動機：善用表揚和獎勵

國民的命運，與其說操縱在掌權者手中，倒不如說掌握在母親的手中。

——福祿貝爾

可能每個父母都知道對孩子進行表揚和鼓勵，但是表揚和鼓勵也是講求方法的，如果方法不正確，不但達不到促進孩子進步的作用，反而會使孩子變得懈怠。應當用恰當的表揚和鼓勵來強化孩子的內在動機。

不要利誘孩子

很多父母都會對孩子說：如果你將這首詩背下來我就給你一美元；如果你能將室內的環境整理好我就買個洋娃娃給你。我們這樣用金錢來對孩子進行獎勵的方式不但不能強化孩子的內在動機，還會削弱孩子的內在動機。

有一次，鄰居家安太太讓兒子吉米打掃，那是吉米第一次打掃，對於吉米拉來說是很大的進步。安太太非常高興，她極度誇張的表揚了孩子，而且將對孩子的愛和這件事連繫起來了，她說：「吉米，你簡直太棒了，做了這麼多事情，我可是真的沒有想到。噢！你現在是個懂事的孩子了。我以前還錯怪你。媽媽很喜歡你，因為你做了這樣的事情。媽媽願意獎勵你一元。」安太太的表述讓孩子認為媽媽是因為我做了打掃才更愛我，如果沒有做，是不是就不愛我了呢？

安太太沒有對孩子進行適度的鼓勵和回應，反而將吉米的好與壞和做衛生的事情連繫在一起了，這種表揚會讓孩子對媽媽的愛產生質疑。

我認為對孩子的讚賞和鼓勵應當放在孩子的行為上而不是和孩子本人連繫起來，更不能因此而表示是否愛他。只有將自己的注意力放到孩子所做的事情上才能讓孩子感到滿足，才能讓他做成更多的事情。表揚是很微妙的，應當遵守一定的原則和道理，要能將其潛移默化的植入到孩子的心中，而不是僅僅對孩子進行物質、金錢的鼓勵。

安太太用錢獎勵孩子的方式對孩子有什麼影響呢？如果我們總是用物質來獎勵孩子，孩子就會認為，只要自己做了父母所期望的事情就會獲得物質方面的報酬，從而形成了一定的心理定勢，就會渴望得到這種獎勵，內在動機化成了對外部的物質需求，事情也變了味道。這種方法很可能會將孩子物質化，一旦物質方面不能滿

足孩子的需求，他就會對所做的事情失去興趣。我們應該幫助孩子增強內在動機，並讓孩子從中獲得樂趣，幫助孩子感受勞動、學習的樂趣和美好。

對孩子的讚揚也是要有選擇的，不用在每件事情上都大加讚揚。我在教育維妮的過程中也不是每個進步都直接對她進行表揚，有些事維妮一直都做得很好，但是我只是在心裡說：「維妮，你真行。」

引領孩子將合理「界線」內化

好習慣、好品格、好的言行、禮貌、原則、修養都是需要內化陪伴孩子一生的。孩子成長的過程中內化是一個長期堅持、循環漸進的過程。孩子的生活中蘊含著很多教育的內容，我們要堅持我們的教育責任和義務。

我們要教會孩子學習什麼是該做的，什麼是不該做的；什麼是對的，什麼是錯的。還要教會他什麼是責任，怎麼做決定。負責的基準是孩子內心深處的原則和道理，需要內化成他思想的一部分。

在孩子成長的過程中，有很多機會教育孩子，每個環節都能幫助孩子吸收某種東西、學習某些原則。我們要做的就是讓孩子吸收那些健康、正確的內容，並且將這些東西慢慢的注入孩子的大腦、心靈，讓他們真正的掌握、擁有它們，成為內化的東西。我們就不用再每天引導自己的孩子去做事了，我們只要站在孩子的身邊就能夠看到孩子在按照自己的方式做事，做正確的事。維妮的謙遜品格以及讀書習慣、樂於助人品格等都是一天天內化的結果。

孩子從小就和父母建立了情感和基本信任。父母會養育孩子、呵護孩子，滿足孩子的需要。孩子在成長的過程中，自主意識會壯大，會出現很多該與不該、要或不要、能與不能的界限，我要為孩子畫好合理「界線」，並引導孩子將其內化，這個過程可謂是障礙重重，而我們要堅守原則，如果我們的引領得當，孩子就能夠按照一定的標準為自己負責。我們在保護孩子的同時也要讓孩子自己走路，擁有判斷的能力。

要讓孩子因為喜歡做事而做事

我們既然不能將對孩子的讚賞放在孩子身上，要放在孩子的行為上，那麼，要怎樣做才是放到孩子的行為上呢？這樣做又能達到什麼樣的效果呢？

我們應當在孩子做成的事情上對孩子進行進行適當的鼓勵，讓孩子為自己做成

的事情感到滿足、有成就，並因此而愉快。

在一個星期天，我外出，維妮將花園收拾得乾乾淨淨的，主動除去了花園中的雜草，清掃了從樹上掉下來的枯枝和樹葉，還為花園澆了水、鬆了土、施了肥。等我回家的時候，看到花園收拾得很乾淨非常開心。我非常熱情的詢問維妮是怎麼做的，都做了什麼，維妮便興致勃勃的告訴我她是怎麼除草、怎麼掃落葉和枯枝、怎麼澆水、怎麼找肥料、弄髒了哪裡等。維妮在講述的過程中充滿了快樂。聽完維妮的講述，我拉著她的手走到花園，由衷的讚美了花園的乾淨美麗，並表示從來沒發現過家裡的花園如此美麗，如此乾淨。維妮很快意識到了自己的成績，內心充滿了自豪感。

在對維妮的教育過程中，我發現溫暖的話語、讚賞的語言和眼神以及精神的鼓勵都能夠讓孩子開心起來。但是，單純的利用物質來刺激孩子很可能讓孩子因為物欲去做事，而喪失了本身對事情的興趣，他們做事只是對著父母提出了利益誘惑，而這種誘惑遲早會毀掉孩子對事情的興趣。

所以，我認為和物質獎勵比較起來，精神獎勵更重要一些。我們要培養孩子的自尊心、成就感、滿足感和榮譽感等，讓孩子因為喜歡做事才做事。

第十篇　成長過程中的氣質養成

氣質是一個人內在涵養的外在表現。如果一個人擁有很美麗的外表，卻沒有氣質，別人慢慢就會覺得此人俗不可耐；相反，如果一個人的外表平凡，氣質卻很高雅，也許過了一段時間，大家都會覺得這個人越看越有味道。所以，氣質的培養是非常重要的，尤其是在孩子的成長過程中，要從周圍的環境和氣氛開始對孩子的氣質進行培養。

美麗：源於自信的力量

教育——這首先是關心備至的、深思熟慮的、小心翼翼的去觸及年輕的心靈。……教育者還必須具備一種對美的精細的感覺。你必須熱愛美、創造美和維護美（包括自然界的美和你的學生的內心美）。

——蘇霍姆林斯基

什麼是美麗

美麗有兩方面的含義，一是心靈的美麗；二是外表的美麗。所謂心靈的美麗就是善良、純潔的心靈，美麗的心靈能夠讓人看起來更加有氣質、更加迷人；而美麗的外表會讓人更加自信。二者在美麗的概念中占有的地位都是舉足輕重的，但是心靈美的地位要更高一些。

如果一個人的心靈很美，那麼他的靈魂就會更加純潔，他的行為舉止也會更加趨向善良、正義的方面，即使他的外表並不突出，在很多人的眼中，他仍舊是美麗的、動人的。就好像一個樂於助人的人在被幫助人的眼裡總是美麗善良的一樣。

而外表美麗的人能讓人在第一時間將他記在心中，如果具備怡人的氣質就會更加吸引周圍人的眼球。要穿著、打扮得大方得體，衣飾要乾淨整潔，不要求趕潮流、時尚，但一定要有氣質。

美麗環境中長大的孩子才漂亮

很多人認為孩子只有在美麗的環境中成長才能變得漂亮，所以母親會盡自己所能為孩子創造美麗的環境。

在一期《新政治家》雜誌中提到，美國的女性正在變得糟糕，並指責她們的審美缺陷，比如：穿著剪裁簡陋的服裝，戴著難看的帽子，也沒有了往日的優雅和柔美。當然了，我希望他的見解是錯誤的，因為我和我的朋友都非常重視自己的外表和舉止，我們這樣做不僅僅為了看起來美麗，還要給孩子做好榜樣。

我相信，如果我經常穿不乾淨的靴子在房間裡走來走去，維妮就會肆意的對整潔的屋子進行破壞。所以，我會保證室內環境的乾淨衛生、色彩明朗。如果牆壁或家具上的油漆剝落了，我就會對它們重新粉刷；桌面上有汙垢，我就會及時的將它

們處理乾淨，讓家裡永遠保持乾淨、整潔、舒適。我也不允許維妮穿骯髒或破損的衣服。

所謂美麗的生活，就是擁有充滿智慧的書籍、漂亮的絲帶和衣服以及可口的食物等。如果一個人處在吵鬧的環境當中，就會變得心神不安；如果走到一個美麗而平靜的湖畔，就會豁然開朗一樣，環境對人的影響是很大的。

我和大家講一下有關英國司各特伯爵兒子的故事。雖然這不是個優美的故事。司各特伯爵夫婦帶著他們的新生兒去海上旅行，但是船行到非洲海岸的時候卻遇到了大風暴，船被巨浪打翻，所有人都遇難了，只有司各特伯爵夫婦帶著他們的兒子爬上了一個荒蕪人煙的小島。

島上只有熱帶叢林，沒有可以說話的對象，更沒有醫生，司各特伯爵夫婦很快就在疾病中死去了，只留下孤零零的小司各特。後來，一群大猩猩將只有幾個月大的司各特養大。

很多年以後，一艘英國的商船偶然在荒島上拋錨，發現了司各特，當然了，他已經長成了一個強壯的青年，但是由於和一群大猩猩生活在一起，就像大猩猩一樣在樹上攀爬跳躍，還用手抓著樹藤蕩來蕩去，他不會用雙腿走路，也不會說人類的語言。船員們將他帶回了英國，引起了巨大的轟動，科學家們想要像教嬰兒那樣教導他回到人類當中，可是，十年過去了，他僅僅學會了穿衣服和用腿走路。

所以，母親們一定要想盡辦法為孩子提供美麗的生長環境幫助孩子健康成長。盡量讓孩子接觸一些高品味而且富有趣味的東西。就像我在上面舉到的例子，如果孩子在航髒的環境中生長，孩子就會變得很邋遢；如果孩子在大猩猩的生存環境中生長，就會變成大猩猩。

母親要有自己的裝扮原則

通常情況下，美麗得體的母親會有美麗氣質的孩子，因為孩子往往會成為母親的翻版。很多的孩子都會遭受一種痛苦，這種痛苦來自於其他孩子對他們父母的嘲笑，那些孩子取笑他們的父母講話粗野、著裝邋遢、不修邊幅。如果我們想讓孩子尊重自己，就要保持衣著的整潔，要學習最新的知識，了解最新的動態。一個合格的母親應當時刻注意自己的一言一行，不能讓自己的行為成為周圍人的笑柄而使自己的孩子因此而遭受困擾。如果孩子因為這些事情而感到難堪，很可能會出現精神方面的問題。所以，身為母親，一定要行為檢點、著裝講究。裝扮要有自己的原

則，既不過度妖豔，也不過度懶散。

恐懼會損傷美麗

在孩子成長的過程中，父母一定要保證孩子的健康，時刻關心孩子的變化。要盡量避免孩子出現諸如恐懼、悲傷、厭惡、憎恨等不良情緒，因為這些情緒會損傷孩子的美麗與和平。

從剛開始，我就想要讓維妮達到和平、快樂的心態，即使她將來選擇探險運動作為精神上的享受，也是出於一種平和的心理願望。

良好而平靜的心態能夠讓人更加美麗，如果總是處於著急和焦慮之中，心靈就會扭曲，皮膚也會變得醜陋，只有那些具有美麗平和心態的孩子才會具有怡人的氣質。

無論維妮是在玩樂還是學習，我都不會催促她，也不強求她。而多數的父母會催促自己的孩子快點、快點，卻沒有考慮到孩子的感受。父母總是匆忙的，因為成年人有很多的事情要做，他們很趕時間。但是對於孩子來說，時間似乎並沒有什麼重大的意義，父母的催促讓孩子感到自己的自由被侵犯了。有些時候，這種逼迫可能會適得其反，不但不會使孩子快一些，還會讓他們產生反向心理，故意拖延時間。

在維妮的成長過程中，無論做什麼事，我都會給她足夠的時間做準備，維妮對於我的安排也很容易接受。要做好一件事，良好而平靜的心態是前提，如果總是出於著急和焦急之中，很可能就會將事情搞砸。

如果我和維妮在某件事上有衝突，就會將其暫時擱置，過一會再處理。這種方法非常好，往往會達到很好的效果，當我們平靜之後再談論剛才的問題時，就會找到比較合適的開端。勇於承認錯誤、勇於探索的父母要比那些固執、專橫的父母可愛得多。父母的寬容和平能夠教育出因和平而美麗的孩子。

如果我們總是對孩子說他很醜、很壞，那麼孩子就會真的變醜、變壞，活在生活的陰影之中；如果我們總是對孩子說他既善良又美麗，那麼他就會努力的將自己朝著這個方向塑造。

要讓孩子在平和的心態下熟睡，不能讓他帶著恐懼入睡，這樣對孩子的心理和生理來說都是不好的，會影響到孩子的性格，使孩子喪失朝氣和本該擁有的美麗。

快樂：讓鏡子對著你微笑

快樂，是精神和肉體的朝氣，是希望和信念，是對自己的現在和來來的信心，是一切都該如此進行的信心。

——果戈里

孩子在剛出生的時候，大部分時間都在巡視著周圍的世界，很快就會用笑來和你進行交流，有時候還會發出咯咯的笑聲。當然了，母親也要對孩子的微笑給予回應，孩子的微笑要在快樂的互動中傳遞。母親的快樂傳遞給孩子，孩子再將快樂回報給自己的母親。

生活就像鏡子，你微笑，它也微笑

生活就像一面鏡子，你對著它微笑，它就會微笑；你對著它哭，它也會哭。要將自己的情緒調整好，用積極的心態去面對生活，生活才會充滿快樂。等到你自己的心中充滿了快樂，你的積極的情緒就會影響到孩子，孩子也會跟著你快樂起來。

前面我也提到，每個孩子都是父母的小複製品，他們會模仿父母的言行舉止，如果那個陪伴孩子時間最長的人每天愁眉苦臉的，時間久了，孩子也就快樂不起來了。

我有一個朋友叫安娜，她是位單身的媽媽，生活的負擔很沉重，讓她疲憊不堪；而婚姻的挫折又使得她灰心喪氣，女兒的歡聲笑語成了她唯一的慰藉。但是，女兒在成長的過程中卻表現得越來越不快樂，總是很壓抑，心事重重，也不喜歡交朋友。安娜試圖和女兒溝通，但孩子卻不願意講，直到後來，老師送來了女兒的作文。文中描述到了一個自卑的小女孩，頭腦不靈活，生活不如意，不快樂，經常憂鬱，生活沒有方向和目標。安娜看過作文後，覺得這篇文章就像一面鏡子照出了自己當前的生活和心理狀態。自己平時總是情緒低落、幽怨重重，很難有快樂的時候，而自己的這種狀態又影響到了女兒。安娜意識到自己的低沉和消極後就積極的尋找改變的方法，經過不斷的努力，終於轉變成了充滿熱情、積極向上的人。而在這之後，她發現女兒也從低沉的情緒中恢復過來了。

讓孩子感受主觀的快樂

對於孩子來說，幸福和快樂是一件很自然的事情，媽媽的一個笑容，給孩子一

塊甜甜的糖果或是對孩子說一句鼓勵的話都會讓孩子快樂。

沒錯，我們的生活並不是事事如意的，但是我們應當盡量將冷酷和負面隱藏起來，不能讓它們傷害到我們的孩子，要微笑的面對孩子。

有一天，我發現維妮悶悶不樂的待在房間裡，就問她是怎麼了，她卻沒有回答。我便走到鋼琴邊，敲響了低聲鍵，將音樂彈奏得低沉、淒涼。過了一會兒，我又開始彈奏高音區，選擇了節奏很快、音色高昂的段落，使得彈奏出的曲子熱情奔放。維妮滿臉好奇，驚訝的來到了鋼琴旁，也想要彈奏剛才的曲子，反覆彈奏了幾次，她告訴我，覺得高音能夠讓她煩悶的心情得以釋放，能夠讓自己走出不快樂的陰影。

透過這件事，維妮理解到自我調節可以改變心情和情緒，生活是客觀的，但是心情是主觀的。

培養孩子的幽默感

幽默是一種特別的言語或是肢體的表達方式，人們會因為它而感到快樂，它是非常巧妙而且有益的能力。那些具有幽默感的孩子通常是很快樂的，他們的生活態度也要更樂觀一些，會積極的製造一些愉悅的氣氛並且容易獲得成就感和自信心。所以，那些具有幽默感的孩子會更加合群一些，也容易獲得友誼。幽默不僅僅是一種性格，更是一種品格，這種品格對於一個人來說是非常可貴的，所以，培養孩子幽默感也應當加入到素養教育的行列之中。幽默感對於孩子的自尊心、解決問題的能力以及社交能力來說都是很重要的，父母在對孩子的教育過程中要時刻注意用正確的方式引導孩子將自己的幽默感展現出來，培養孩子的幽默感。

愛是生命的本能，愛能使人微笑，而愛是與生俱來的；幽默也可以使人微笑，但是幽默要靠後天的培養來獲得。幽默感的培養要從童年開始，給孩子們講一些幽默感比較強的故事，讓孩子領悟到幽默的精髓。幽默也是需要品味的，很多人都認為英國人對笑話的反應比較遲鈍，但是我認為真正的智者和擁有敏銳發達幽默感的人在任何國家都是難找的。曾經有一位天文學家告訴我：「我不喜歡讓我的科學枯燥無味。在講座的過程中，我會給我的觀眾穿插很多的笑話，讓他們有一個愉快的心情，他們才能聽的更加投入、更加認真，效果也會更好。」

笑是可以傳遞的，幽默也是有力量的。我會教孩子們一些節奏輕快、意境風趣的韻律詩，孩子們會從詩歌中體會到快樂。像《童年的詩》、《鵝媽媽》、《鴨子和袋

鼠》、《貓頭鷹和小貓去海邊》等作品都能夠很好的培養孩子們的幽默感。

要讓孩子將微笑傳遞下去

每個人都喜歡接近微笑者而不願意接近脾氣暴躁的人。微笑能夠化解怒氣、化解尷尬、化解矛盾、化解陌生。孩子們可以將微笑繼承、傳遞，並且在喜悅和歡笑聲中長大，這是我們義不容辭的責任和義務。

我曾經訪問過一個非常和睦的家庭，這個家裡的一切都充滿了幸福與和諧。巨大的壁爐上貼著一個用樹枝擺成的「微笑」單字，這就是那個家庭的座右銘。如果微笑能夠成為一個家庭的座右銘，那麼憂傷、憤怒、不滿等不良情緒就會消失得無影無蹤。

微笑，是生命的價值展現。我認為，在教育孩子方面，父母所懂得的知識和技巧是永遠不夠的，孩子的問題也會千奇百怪、變化多端。我們經常會對孩子所提出的問題感到迷茫、束手無策，需要我們不斷的學習、進取、探索才能幫助孩子找到正確的答案。但是微笑卻不同，它是一筆價值連城的財富，也是在教育孩子的過程中永恆不變的法寶。只有微笑著面對生活，孩子才能感受得到生活中的快樂，讓孩子將微笑傳遞下去。

幸福：童趣是幸福的源泉

童年原是一生最美妙的階段，那時的孩子是一朵花，也是一顆果子，是一片朦朦朧朧的聰明，一種永遠不息的活動，一股強烈的欲望。

——巴爾札克

每對父母都希望自己的孩子能夠生活得幸福，每天都過得開開心心的，保持樂觀、積極的態度。但是並不是每對父母都能做到這些，童趣對於孩子的幸福來說是至關重要的，如果一個孩子的童年沒有樂趣，幸福是無從談起的。

家庭和睦是孩子幸福的根源

家庭是孩子成長中的港灣，家庭環境對於孩子的成長影響是非常大的，尤其對於敏感的孩子來說，影響可能會更大，不和睦的家庭會讓孩子的童年毫無樂趣可言。

蘭尼曾經說過：「一個美滿的家庭，猶如沙漠中的甘泉，湧出寧謐和安慰，使人洗心滌慮，怡情悅性。」

孩子的智力的健康發育需要一個輕鬆愉快的環境。如果家庭不和諧、缺少歡聲笑語，夫妻之間缺乏信任、支持和協作，那麼就會給孩子的心靈蒙上陰影，從而降低孩子的幸福感。

美國一些著名心理學家對一群孩子從幼兒園到高中進行追蹤調查，結果發現，智商的高低和這些孩子的天賦以及受到的教育沒有必然的連繫，而情緒卻對智力的發育達到了關鍵作用。所以，如果一對相愛的男女一旦走入婚姻的殿堂，成立了家庭，並且決定為愛情締造一個結晶的時候，就要負一定的責任，注意營造家庭環境和氛圍。我相信在這一點是，大多數年輕的父母表現得都不是很好，他們很難克制自己的情緒，表現得很任性，他們只是想從家中索取更多的東西，如：名譽、財富、地位等。

有這樣一位女士，她的夢想就是嫁入一個擁有貴族血統的家族，沒錯，她做到了。嫁給了一位伯爵。但是，由於她並不愛她的丈夫，丈夫能給予她的只是伯爵夫人這個頭銜，所以，她和丈夫並沒有經得起感情考驗。我見過他們的孩子，雖然小傢伙有著如同王子的裝扮，但是在和普通家庭的小朋友進行玩樂時表現得並不太好，甚至有些笨拙，而且缺少其他孩子臉上的笑臉。

我曾經聽到一位男士說「為了我的孩子，我願意更愛他的母親」，這句話讓我非常感動。這一定是位偉大的父親，他深深的懂得家庭和孩子幸福的根源所在。

那要怎樣才能讓孩子更幸福呢？當孩子能夠感受到家庭溫暖，父母相親相愛時，他就會覺得自己生活在一個幸福的環境中。從維妮出生後，我和她的父親就非常注意營造歡快的家庭氣氛。雖然之前我們的家庭就很和睦，但是孩子出生之後我們更加注意處理家庭矛盾等方面的事情，堅決避免爭吵的發生。如果誰說話過分了就要立刻向對方道歉；如果情緒激動，那麼就要暫停討論。等到再次面對的時候，問題就會輕鬆得多。如果因為不可避免的原因而生氣也要盡量避開小維妮。因為孩子雖然很小，但是他們的感知力是很敏銳的，即使你盡力去掩飾你的不快，她仍舊可以從你的眼睛中看到你的悲傷。

有一次，一位朋友來家裡做客，她剛剛經歷了一些傷心的事，整個人都無精打采的，臉上流露著無法掩飾的憂傷。等到客人走了以後，維妮的情緒也變得很低落，我就問她怎麼了，為什麼這麼低落，她卻反過來問我：「珍妮阿姨遇到什麼事情

了？她看起來非常糟糕！」這讓我感到非常吃驚，那個時候她才兩歲多一點，而且我們從來沒有在她面前說出一個不快的字眼。

這就是孩子對於情緒的敏感性，那麼小的孩子就能從大人的眼中讀到悲傷，那麼孩子越大敏感性就會越強，能夠感覺到周圍細微的不快感。更不要說那些每天爭爭吵吵的家庭了，不光不會讓孩子缺少幸福感，還會讓孩子懼怕婚姻。

快樂對於孩子來說是非常重要的，鮑姆林德教授對父母教養孩子的方式與孩子個性的關係進行研究後發現：在那些民主、寬容型的家庭中，孩子會表現得謙虛、有禮貌、自信、樂觀、積極向上、待人誠懇、親切、樂於助人；在那些權威、專斷型的家庭中，孩子會表現得怯懦、說謊、對人缺乏信任、內向、孤僻、脾氣暴躁；在那些放縱、溺愛型的家庭中，孩子會表現得好吃懶做、缺乏自理能力、自私、蠻橫不講理、缺乏責任感、任性、沒有禮貌。

所以，為了讓孩子幸福，我們要建立一個充滿愛和歡樂的家庭。

讓孩子用天真的心去享受童年的單純生活所帶來的樂趣

不能過於約束孩子性情的發展，也不要剝奪孩子的天真爛漫，一個在童年沒有童趣的人的生活是乏味、憂鬱、單調的。無論他將來有多大的成就，都很難得到真正的幸福，所以不要剝奪孩子享受單純生活的權利，也不要在孩子進行充滿歡樂的遊戲和生活中不斷的增加沉重的現實砝碼。

這個世界充滿了競爭，很多人在孩童時期就被剝奪了這種原始的追求快樂的權利，很多父母只是一味的為孩子開發智力，為孩子因為成績而殫精竭慮，根本不去考慮孩子要過什麼樣的生活、應該擁有什麼權利。我們會經常聽到這樣的話：「我也知道這樣做會讓孩子開心，我也想和孩子一起玩，但是我沒有時間，我有很多事情要做。孩子最近也有很多工作要完成，不能總是玩啊，我想再過一陣子，可能我們都會輕鬆一些，到時候再陪他玩。」大人就像機器一樣不停運轉、奔波，生活得很麻木，沒有熱情和樂趣，他們忘記了生活的意義和真諦。最可怕的是，他們剝奪了孩子自由快樂的權利，讓孩子也像個小機器一樣運轉，承擔著與年齡不符的生活方式。

如果人在生活中沒有快樂，就會喪失感受幸福的能力，生命也就沒有什麼價值了。如果我們已經喪失了幸福感，那麼就不要再剝奪孩子的幸福了，讓他們保留童年單純生活中的樂趣，那將是他們一生受用的東西。

電子書購買

國家圖書館出版品預行編目資料

自然教育法：激發普通孩子的天才潛能 / 周雲煒著 . -- 第一版 . -- 臺北市：清文華泉事業有限公司 , 2022.04

面；　公分

ISBN 978-986-5486-96-9(平裝)

1.CST: 兒童教育

523　　111002337

自然教育法：激發普通孩子的天才潛能

作　　者：周雲煒

發 行 人：黃振庭

出 版 者：清文華泉事業有限公司

發 行 者：清文華泉事業有限公司

E-mail：sonbookservice@gmail.com

粉 絲 頁：https://www.facebook.com/sonbookss/

網　　址：https://sonbook.net/

地　　址：台北市中正區重慶南路一段六十一號八樓 815 室

Rm. 815, 8F., No.61, Sec. 1, Chongqing S. Rd., Zhongzheng Dist., Taipei City 100, Taiwan

電　　話：(02)2370-3310　　傳　　真：(02) 2388-1990

印　　刷：京峯彩色印刷有限公司（京峰數位）

律師顧問：廣華律師事務所 張珮琦律師

定　　價：350 元

發行日期：2022 年 04 月第一版

臉書

蝦皮賣場